財政再建論

山田方谷《ほうこく》なら
どうするか

公開霊言
あの世からのメッセージ

Ryuho Okawa
大川隆法

まえがき

この文を書いている今、伊勢志摩《いせしま》サミットで「G7」が行われた。日本の安倍首相は、「リーマンショック前の感じがする。『G7』で足並みをそろえて、財政出動をして世界経済を発展させてはどうか。」と提案した。

しかし、ドイツ、イギリスを中心に財政再建派も強く、「逆に日本こそ、世界一の政府の借金をかかえて、小だしに税金をバラまいて目先の景気対策（選挙対策）なんかしてどうするんだ。」と言い返されるあり様《さま》だった。

さて幕末の俊英《しゅんえい》、佐藤一斎《さとういっさい》の直弟子《じきでし》にして、備中《びっちゅう》松山藩を建て直した山田方谷《ほうこく》なら、今、何を言うだろうか。歴史ファンや、財政に関心のある人、事業経営者たちにとって、まさかの「IF《イフ》」が実現したのが本書である。本霊言に、ある種の天才性を感じたのは私一人ではなかった。まずはご一読下さることをお願いしたい。

二〇一六年　五月二十七日

幸福《こうふく》の科学《かがく》グループ創始者兼総裁《そうししゃけんそうさい》
幸福実現党創立者兼総裁《こうふくじつげんとうそうりつしゃけんそうさい》　大川隆法《おおかわりゅうほう》

財政再建論　山田方谷ならどうするか　目次

財政再建論　山田方谷《やまだほうこく》ならどうするか

二〇一六年四月九日　収録
東京都・幸福の科学総合本部にて

「霊言現象《れいげん》」とは、あの世の霊存在の言葉を語り下ろす現象のことをいう。これは高度な悟《さと》りを開いた者に特有のものであり、「霊媒現象《れいばい》」（トランス状態になって意識を失い、霊が一方的にしゃべる現象）とは異なる。

なお、「霊言」は、あくまでも霊人《れいじん》の意見であり、幸福の科学グループとしての見解と矛盾《むじゅん》する内容を含《ふく》む場合がある点、付記しておきたい。

財政再建論

山田《やまだ》方谷《ほうこく》ならどうするか

二〇一六年四月九日　収録

東京都・幸福の科学総合本部にて

山田方谷《やまだほうこく》（一八〇五～一八七七）
幕末・維新《いしん》期の儒学者《じゅがくしゃ》。備中松山藩《びっちゅうまつやまはん》の農民出身（備中は現岡山《おかやま》県西部）。新見《にいみ》藩の藩儒・丸川松隠《まるかわしょういん》に程朱学《ていしゅがく》を学び、二十五歳《さい》で藩校・有終館《ゆうしゅうかん》の会頭（教授）に抜擢《ばってき》される。その後、上京して佐藤一斎《さとういっさい》に陽明学《ようめいがく》を学び、佐久間象山《さくましょうざん》らと親交を結ぶ。帰郷後は備中松山藩主・板倉勝静《いたくらかつきよ》に仕《つか》え、松山藩の財政整理と藩政改革に成功。明治維新後は閑谷《しずたに》学校の再興に尽力《じんりょく》した。また、王陽明《おうようめい》の「至誠惻怛《しせいそくだつ》」という真心と慈愛《じあい》の精神を説いたことでも知られる。著作に論文『理財論』や『擬対《ぎたい》策《さく》』がある。「備中聖人《せいじん》」と称《しょう》された。

質問者　※質問順
里村英一《さとむらえいいち》（幸福の科学専務理事〔広報・マーケティング企画《きかく》担当〕兼《けん》ＨＳＵ講師）
綾織次郎《あやおりじろう》（幸福の科学常務理事 兼「ザ・リバティ」編集長 兼 ＨＳＵ講師）
立木秀学《ついきしゅうがく》（幸福の科学理事 兼 ＨＳ政経塾《せいけいじゅく》塾長 兼 ＨＳＵ講師）

［役職は収録時点のもの］

1　財政再建の先駆者《せんくしゃ》、山田方谷《やまだほうこく》を招霊《しょうれい》する

幕末の大儒者《だいじゅしゃ》・佐藤一斎《さとういっさい》が後継者《こうけいしゃ》にしようとした傑物《けつぶつ》・山田方谷《やまだほうこく》

大川隆法　今日は、山田方谷《やまだほうこく》の霊言《れいげん》を収録します。

以前から（収録する人物の）案としては上がっていたのですが、先般《せんぱん》、佐藤一斎《さとういっさい》先生の霊言を出した際、〝再チェック〟が入ったためです（『心を練る　佐藤一斎の霊言』〔幸福の科学出版刊〕参照）。

「学問の力」と「人材の条件」が明らかに。
『心を練る　佐藤一斎の霊言』（幸福の科学出版刊）

佐藤一斎門下には、佐久間象山《さくましょうざん》と山田方谷という二人の「双璧《そうへき》」がいました。ところが、佐久間象山のほうは霊言集が出ているのに（『佐久間象山　弱腰《よわごし》日本に檄《げき》を飛ばす』〔幸福実現党刊〕参照）、山田方谷についてはまだ出ていないので、どのよ

うな人か気にはなるでしょう。

さらに、幕末の大儒者《だいじゅしゃ》で、数え八十八歳《さい》まで生き、幕末の思想家の源流にあると思われる佐藤一斎が「自分の後継者《こうけいしゃ》にしよう」と思っていたほどの人であるならば、そうとうの「逸物《いつぶつ》」、「傑物《けつぶつ》」と考えてもよいと思うのです。

さて、山田方谷は、一般には儒学者ということになっています。一八〇五年生まれで、一八七七年に七十二歳で亡《な》くなりました。岡山《おかやま》県、つまり備中国《びっちゅうのくに》の出身です。

朱子学《しゅしがく》から勉強を始め、藩校《はんこう》である有終館《ゆうしゅうかん》の教授になり、後《のち》には校長にもなっています。

京都のほうに何度か遊学をして、朱子学や王陽明《おうようめい》

備中松山藩の藩校・有終館《ゆうしゅうかん》跡。山田方谷は25歳で有終館の会頭（教授）に抜擢《ばってき》され、その後、32歳で学頭（校長）に任命された。

国防と財政再建を両立する道を示した『佐久間象山　弱腰日本に檄を飛ばす』（幸福実現党刊）。

の『伝習録《でんしゅうろく》』なども勉強したようです。

「備中聖人《びっちゅうせいじん》」と呼ばれた山田方谷が歩んだ人生

大川隆法　そして、一八三四年、まだ三十歳になる前ぐらいに、江戸《えど》遊学で佐藤一斎の門下に入ります。このとき、佐久間象山と出会っているのです。

なお、佐久間象山と山田方谷には、次のような有名な話があります。

この二人が夜中に大議論をするので、塾生《じゅくせい》たちが、一斎先生のところへ行き、「先生、夜中に議論をするやつがいて、うるさくて眠《ねむ》れません。睡眠《すいみん》不足でたまらないから、注意してください」と言ってきたというのです。

その際、「いったい、それは誰《だれ》がやっておるのかね?」と訊《き》くと、「佐久間象山と山田方谷です」ということだったので、一斎先生は、「あの二人がやっておるのなら、どうしようもないだろう。くたびれるまでやらせるしか方法はない」と答えたということでした。

なお、「実は、佐藤一斎は二人が議論しているのを知っていて、自分も襖《ふすま》の陰《かげ》から聴《き》いていた」というような話もあるようですが、果てのない議論を延々《えんえん》とやっていたのでしょう。内容は分かりませんけれども、「国家の未来」についての話をそうとしていたのだと思います。それくらいの方なのです。

彼は一八三四年に入門し、一八三六年には、いったん岡山に帰りました。そのときに、『理財論』、要するに財政理論についての論文を書いたりもしていますし、「藩政心得」のようなものも書いています。

ただ、「儒学から経済論や財政論的なものを引っ張り出す」というのは、実際はなかなか難しいことでしょう。そういったことは出てこないので、勉強しつつ、実際に実務をやって、そこから紡《つむ》ぎ出していかなければ無理かとは思います。

山田方谷が江戸遊学で佐藤一斎に学んだ昌平坂学問所（入徳門）。

また、山田方谷は、洋式の砲術《ほうじゅつ》なども勉強していたようです。

さらに、「藩政改革」に取り組んだり、あるいは、江戸にいた藩主（板倉勝静《いたくらかつきよ》）が老中《ろうじゅう》になったので、その顧問《こもん》になったりもしました。

そして、一八六七年には大政奉還《たいせいほうかん》の上奏文の草案を起草《きそう》したとも言われています。その後、戊辰《ぼしん》戦争が始まって、備中松山城《びっちゅうまつやま》を無血開城《むけつかいじょう》し、そのあとは私塾を開いたりしました。

最後は、閑谷《しずたに》学校で陽明学の講義をしたようです。

山田方谷は、「備中聖人《せいじん》」と呼ばれています。二宮尊徳《にのみやそんとく》に比べれば、知名度はかなり落ちるかとは思うのですが、歴史や財政などに関心のある方は、知っている人が多いのではないでしょうか。

消費税上げには「経済回転率」を下げる効果がある

大川隆法　ところで、幸福の科学や幸福実現党では、どちらかといえば、「経済の活性化」というか、「景気回復優先で、税収はあとからついてくる」という、わりに〝能天気〟な経済論を取ってはいるのですが、「それでうまくいくかどうか」については、今、議論が分かれているところです。

私たちが述べているような考え方は、小泉《こいずみ》政権下で「上げ潮派」といわれたものに近いかもしれません。要するに、「経済がよくなれば、税収もついてくる」というような考えですが、日本の政治のなかで、この上げ潮派は、財政再建派にいったん敗れているのだろうと思われるのです。彼らは消されていって、財政再建のほうに力が注がれたのでしょう。

民主党政権でも自民党政権でも、両者合意の下《もと》で消費税上げが約束され、大手マスコミまでつるんで、全部グルになって、それを決めたわけです。

ところが、「どうも雲行きが怪《あや》しい」ということで、安倍《あべ》首相は、「リーマン・ショック級のものとか、東日本大震災《だいしんさい》のようなものとかが起きれば見直すこともあるかもしれないが、それ以外ではありえない」と言っていたものの、最近、少し弱気になってきたようです。

ノーベル経済学賞を受賞したスティグリッツやクルーグマン等も、「今、消費税上げをしたら終わりになりますよ」というようなことを言うし、首相の顧問をしている人たちも、「増税反対」と言い始めました。当会が言っていることもかなり影《えい》響《きょう》していると思ってはいるのですが、「景気状況《じょうきょう》はそれほどよくないので、今やると死滅《しめつ》しますよ」という言い方を、みんなし始めてはいます。

実際、肌《はだ》感覚というか、毛穴感覚でも、「何となく、財布《さいふ》の紐《ひも》が締《し》まってくる感じ」がどうしてもあるので、やはり先行きに対して警戒《けいかい》感を怠《おこた》らない感じが、日本中に漂《ただよ》っているように思われるのです。

また、現実に、消費税上げはこたえるでしょう。

日本独自でやっているわけではなく、輸入もし、国内でも売り買いをし、さらに輸出産業もあります。

輸入においては、輸入品にも、結局、消費税がかかりますが、国内でそれを売買しても、また消費税がかかり、さらに輸出に変えていっても、途中《とちゅう》で消費税がかかるわけです。

消費税は、三パーセント上げから始まって、次に、二パーセント上がって五パーセントになり、その五パーセントが八パーセントになりました。さらに十パーセントになろうとしていますが、消費税といっても、実際は、ダブル、トリプルでかかってきます。要するに、下請《したう》けと親会社等の間の取引にもかかってくるのです。

そのように、二パーセント、三パーセントの消費税上げといっても、「何倍になるか」は、実は分からないということでしょう。

それが怖《こわ》いところで、「取引の活性化」というか、「経済回転率」を下げる効果はかなり大きいだろうと、私のほうでは見ています。

商社に見る「消費税上げ」がもたらす影響《えいきょう》とは

大川隆法　私は昔、商社に勤めていましたが、商社というのは、売上が非常に大きいものの、貿易などをし、仲介《ちゅうかい》をして取引しているので、いわゆる「口銭《こうせん》」という、「仲介の手数料」のようなものが、基本的な収入になります。つまり、物をつくって売る原価の部分には手が出せないため、販売《はんばい》価格との間に入っている部分を〝抜《ぬ》く〟わけです。問屋《とんや》のような部分というか、仲介業的に〝抜く〟部分があるのです。

その口銭率は、私が商社にいた時代で平均三パーセントでした。何兆円もの商売をしても、結局、三パーセントぐらいしか利益が入らないので、これは厳しいでしょう。

例えば、一兆円の取引をしても、その三パーセントは三百億円です。つまり、一兆円の売上があっても、三百億円しか利益の部分はありません。自社ビルを持っている商社もあるけれども、レンタルの場合、ものすごく高いビルを借りていることもあります。利益の部分である三百億円のなかから、その家賃代や人件費を出し、さらには福利厚生費、その他、いろいろな出張費や営業費などが全部、ザーッと出ていくと、数兆円、あるいは十兆円以上の売上があっても、残りは、あっという間に少なくなっていくのです。そのため、有価証券売却益《ばいきゃくえき》というか、株などを売り払《はら》って、かろうじて配当ができるように利益を出したりするようなことを、常時のようにやっていました。

要するに、かなり利益率が低いわけで、考えれば分かるとおり、消費税五パーセントが八パーセントに上がれば、口銭率の部分が消えるのです。

ところが、「輸入して、輸入品を買い取るのに三パーセントかかり、それを途中、仲介したりして国内で販売するとしても、輸出のほうの業者を絡《から》ませて加工するなりして売るとなったら、また消費税がかかり……」ということになれば、三パーセントでは済みません。その結果、あっという間に厳しいことになり、もっと付加価値の高いほうに深掘《ふかぼ》りしていくわけです。

だいたい、商品の取引だけでは済まず、海外で実際に買い付けするだけでは駄目《だめ》なので、資源の開発あたりから入っていきます。石油を掘ったり石炭を掘ったり、鉄鉱石を掘ったりするような、本来メーカーなどがするようなところまで入らないと利が食《は》めない感じになってくるのです。

それで最近は、三井《みつい》物産や三菱《みつびし》商事のような超《ちょう》大手で、長らく揺《ゆ》るがなかったところも、資源の関係で千数百億円というような大赤字を出し、「今年の夏のボーナスが出なくなる」と言われています。これは、めったにないことで、そうとう危機的な状況でしょう。

ですから、「消費税をかけられた分だけ利益が減る」という面もあるけれども、それでいっそう付加価値の高いものをということになると、結局、「ハイリスク・ハイリターンになる」のです。ハイリスクのあるもののほうに、だんだん入り込《こ》んでいかざるをえなくなり、事故を起こすことも出てきます。

メーカー等でも、利幅《りはば》が低くなってくると、海外など、人件費の安いところにどんどん出ていきます。しかし、人件費の安いところでつくると、製品の完成度が悪かったり、あるいは指導料がいろいろと要《い》ったりしますし、さらには、現地に売上が立ち、利益が出ても、国内には落ちないこともあって、国内の税収増にはなりません。

要するに、消費税を上げたものの、企業《きぎょう》は原価を下げようとして海外に出ていくため、海外で生産して完成品に近いかたちで上げてこられると、結局、「国内の雇《こ》用《よう》を生まず、所得税も入らなければ、売買の税金も入らない」という状態になっているのではないかと思います。

バブル崩壊《ほうかい》が近いと予想される中国とEUの経済

大川隆法　さらに、マクロで見ると、今、中国経済の失速がかなり激しい状態のようです。公式発表では、経済成長率は七・三パーセント（二〇一四年）、六・九パーセント（二〇一五年）、六・五パーセント（二〇一六年の目標）などと言っていますが、これらは、最初から国家で決めている成長率であり、それを言っているだけなのです。そのため、実態は、おそらく三パーセント程度ではないかと推定されています。

最近、三男の大川裕太《ゆうた》が、大阪《おおさか》で、「金融《きんゆう》政策」と「未来産業投資／規制緩和《かんわ》」についての講義を行い、その内容が書籍《しょせき》化されたのですが（『「幸福実現党テーマ別政策集３金融政策」「幸福実現党テーマ別政策集４未来産業投資／規制緩和」講義』〔大川裕太著、幸福実現党刊〕参照）、昨日《きのう》もそれを読んでいたところ、そこには、次のようなことが表付きで書いてありました。

ＧＤＰを見ると、中国経済は、「商売」によるものよりも、どちらかといえば「設備投資型」であり、巨大《きょだい》な設備投資をしている部分がかなりのシェアを占《し》めているということです。

ただ、これがすべてバブルに終わっていて、例えば、モンゴルあたりでは、三万人しか人がいないようなところにマンション等を建てて、百万人規模の街をつくったりするようなバカなことをしているということです。

『「幸福実現党テーマ別政策集３金融政策」「幸福実現党テーマ別政策集４未来産業投資／規制緩和」講義』（大川裕太著 幸福実現党刊）

これは、いわゆる「計画経済」の、いちばんバカなやり方そのものです。

経済の成長率だけを考えれば、百万人も住めるようなマンションを建ててもよいのですが、実際には三万人しか住む人がいないのであれば、当然、バブル崩壊《ほうかい》が起きます。今、中国では、そういうことがたくさん起きてきていると言われているのです。

さらに、最近では、中国のトップである習近平《しゅうきんぺい》も、親族を使ってタックス・ヘイブン（租税回避地《そぜいかいひ》）のところに財産を逃《に》がしているのではないかということが言われていますし、今は、イギリスの首相もそれについて追及《ついきゅう》されています。やはり、自分の財産を海外へ逃がした状態のようなのです（「パナマ文書」問題）。

ゴーストタウンと化している、中国の内モンゴル自治区オルドス市。

このように、イギリスでも中国でも同じことが起きているわけですが、これは何を意味するのでしょうか。

国のトップというのは、本当は国の状況がいちばんよく分かる立場にあるわけです。そういう人が、私的財産を護《まも》るために、親族名義でペーパーカンパニーのようなものをつくり、自分の財産をよそ（他国）に逃がしているということは、つまり、「自国の経済崩壊が近いことはとっくに知っている」ということです。

イギリスの首相もやっているところを見れば、中国経済のバブルが崩壊する一方で、ＥＵのバブル崩壊も近いのではないかと推定します。

ただ、そうすると、次にはいったい何が来るのでしょうか。アメリカの次の経済財政政策がどうなるのか。日本はどうなるのか、それは世界を救うべきものになるのか。あるいは、中東の戦乱状態は石油資源の売買との連動でどのようになってくるのか等、いろいろなものが重なってきて、混沌《こんとん》としていると思うのです。

藩《はん》の財政改革を行《おこな》った山田方谷に「財政再建論」を訊《き》く

大川隆法　本日の山田方谷先生は、幕末から明治十年ごろまでの間に、藩《はん》の財政改革など、いろいろなことを行《おこな》った方です。

ただ、前述したような世界貿易状況を、はたしてご存じか、あるいは「内需主導《ないじゅ》型」の経済なるものはご存じか、「財政出動」や「金融政策」のようなものはご存じかどうかについては分かりません。しかし、もし、天上界《てんじょうかい》で現在までのことをウォッチされていたとすれば、ある程度の意見はお持ちかもしれません。

また、今日は、「財政再建論」を中心に訊《き》こうかと考えているので、あるいは、当会の主張と違《ちが》うことを言う可能性もあるかと思います。そのあたりについては、いちおう頭の内に入れておかなければいけないでしょう。

やはり、財政問題については、国として国論を二分している案件なので、違う意見が出たとしてもおかしくはありません。もし、天上界でそういう意見があるなら、それは、勉強の材料として聞かねばならないと思っています。

アベノミクスも行き詰《づ》まりつつある現況を、どのようにすべきなのか。一千兆円を超《こ》える財政赤字は本当に大丈夫《だいじょうぶ》なのか。あるいは増税をしなくてもよいのか。世界大恐慌《だいきょうこう》型に動いていった場合、これからいったい何が待ち受けていて、何をどうすべきなのか。このあたりも併《あわ》せて考えなければいけません。

山田方谷先生がこれらについてお答えできるかどうかは分かりませんが、少なくとも、霊天上界から呼べる日本人のなかでは、おそらく財政通《つう》の方であろうとは思うので、今日はひとつ、後学《こうがく》のために聞いてみようかと思っています。ただ、政策的なものが幸福実現党の政策とズバッと合うかどうかは分かりませんので、そのあたりに関しても、ニュアンスを聞きながらやらなければならないと考えています。

異次元思考で出てくるものにも学ぶべきものがある

大川隆法　それでは、「備中聖人」といわれた方の現在のご意見はどうであるか、迫《せま》ってみたいと思います。
今日は質問上手の人がだいぶいますし、実際に責任も出てきます。また、ただのバブルかどうかは分かりませんが、「ＧＤＰを千五百兆円にする」と言っている人（綾織のこと。『ＧＤＰを１５００兆円にする方法』〔綾織次郎著、幸福の科学出版刊〕参照）も質問者に座《すわ》っているので、どうでしょうか。

いずれにせよ、少しでも毛色の違った意見が聞けると勉強になるので、謙虚《けんきょ》に学ぶべきだと思います。

現に出ている学問やジャーナリスティックなものだけでは判断しかねるものがあるので、やはり、「異次元思考」で出てくるものにも、多少、学ぶべきものがあると思うのです。

今回のような特殊《とくしゅ》な経済ものの霊言というものは、いわゆる宗教マーケットとしての霊言読者でも読めないものが多いので、部数としては、それほど多くは出ない

『ＧＤＰを１５００兆円にする方法』（綾織次郎著 幸福の科学出版刊）

かもしれません。ただ、意外に国会で取り上げられたり、財務省や日銀などに影響《えいきょう》を与《あた》えたりすることもあるので、発想が大事かと考えています。

では、前置きが長くなりますので、このくらいにさせていただきます。

里村　お願いいたします。

大川隆法　それでは、幕末の儒学者にして、財政学に非常に明るかった山田方谷先生をお呼びいたしまして、われらに、現今《げんこん》の日本の経済、あるいは、国家経営をめぐっての議論に参考になるようなご意見をくださいますことを、心の底よりお願い申し上げます。

山田方谷先生の霊よ、山田方谷先生の霊よ。

どうか、幸福の科学総合本部に降りたまいて、われらに、経済、財政政策について、ご意見等をくだされば幸いです。

ありがとうございます。

（約十五秒間の沈黙《ちんもく》）

山田方谷（1805 ～ 1877）
「至誠惻怛《しせいそくだつ》」（誠意を尽くす心）、「士民撫育《しみんぶいく》」（すべては藩士や領民のため）という精神を掲げて藩政改革を推し進め、当時、3 万両の収入に対して 10 万両の負債を抱えていた藩の財政を建て直し、7 年後には 10 万両を蓄財するほどの成果をあげた。
（左下：高梁市郷土資料館前に立つ山田方谷像／右下：方谷の墓地一帯が公園になっている「方谷園」）

2　謙遜《けんそん》しつつも現代に詳《くわ》しい山田方谷

「岡山《おかやま》県庁の〝助役《じょやく》〟ぐらいの人間」と謙遜《けんそん》

山田方谷　うーん……。

里村　山田方谷先生でいらっしゃいますか。

山田方谷　はい。

里村　本日はご降臨賜《たまわ》り、まことにありがとうございます。

山田方谷　はい。

里村　現代の日本は、かつてないほどの財政赤字を抱《かか》えており、「今、財政再建が必要である」と、大きく騒《さわ》がれています。

また、そのなかで、「増税やむなし」というような話も出ていますが、はっきり言って、今、国民は、政府が言うような景気がいい方向にあるわけではなく、逼迫《ひっぱく》感も出ています。

さらに、世界全体を見回しても、「世界経済全体の収縮」というものが国際経済のなかで非常に話題になっています。

そこで本日は、そうした混迷《こんめい》の時代を切り拓《ひら》く考え方を、山田方谷先生に、ぜひお教えいただければと思います。

山田方谷　いやあ、分かりませんなあ。

里村　いえ、いえ、いえ、いえ。

山田方谷　岡山《おかやま》県の財政をちょっと見たぐらいの人間に、それは、君、分かりませんよ。

里村　とんでもございません。

山田方谷　今の岡山県庁の〝助役《じょやく》〟（副知事）に訊《き》いてるようなもんだから、そらあ、君、無理だよね。

里村　いえ、いえ、いえ、いえ（笑）。

綾織　山田方谷先生は、明治政府からも、「大蔵《おおくら》大臣になってくれ」と、何度も要《よう》請《せい》されていましたので……。

山田方谷　ええ？　そんな無茶《むちゃ》は言っちゃあいけないよ。

里村　いえいえ。現代の経営コンサルタント、あるいは評論家にも、「財政再建の神様」と山田方谷先生を評される方が、いまだに多うございます。

山田方谷　うーん……。

「ＮＨＫは、なんで儲《もう》かるんだよ。税金型の収益なのに」

里村　あるいは、これは、よいことかどうかは分かりませんけれども、ＮＨＫという公共放送も……。

山田方谷　ああー……。

里村　十年ほど前ですけれども、「奇跡《きせき》の藩政《はんせい》改革」を成し遂《と》げた「財政の天才」として山田方谷先生を取り上げています。

山田方谷　いやあ、NHKに訊いたらいいよ。あんな放送をしとって、よう儲《もう》かるんだから、不思議でしょうがないわなあ。

里村　はい（笑）。

山田方谷　「どうやって儲けとるのか」を、ちょっと教えてもらえよ。ええ？

里村　（笑）まさに山田方谷先生の精神にならって、国民からお金を取らずに……。

山田方谷　いやあ、すごいわ。その利益術をちょっと教えてくれ。税金に代わるような収入だよなあ。あれが、なんで儲かるんだよ。税金型の収益なのに。もうＮＨＫに経営してもらえよ、国家経営を。なあ？〝税金〟を取って、それで黒字を出すんなら、すっごいわ。

里村　ええ。ぜひ、そういう感じで、いろいろなお話をお伺《うかが》いしたいと思います。

山田方谷　うーん。

里村　もうかなりＮＨＫにもお詳《くわ》しいようでございますので、現代についてもよくご存じで……。

山田方谷　いや、いや（笑）。君が言ったから言っただけであって、私は別に（NHKに）恨《うら》みは何もないよ。

里村　ああ……、恐縮《きょうしゅく》でございます。

山田方谷　NHKに勤めてなんかいないからなあ（笑）。いちおう言っとく。言っとくけどなあ。

里村　（笑）はい。分かりました。

「当時の幕府や諸藩《しょはん》の課題」と「山田方谷の自己評価」

里村　まず最初に、少し、当時のことからお話をお伺いしたいと思います。

山田先生は、江戸《えど》の後期にお生まれになって、維新《いしん》を経《へ》て、明治十年まで、この世におられましたけれども、実は先般《せんぱん》、この場に、佐藤一斎《さとういっさい》先生に霊人《れいじん》としてお出《い》でいただきました。

山田方谷　ああ、ああ、ああ、ああ、ああ。

里村　あっ、ご存じでいらっしゃいますか。

山田方谷　ああ、はい、はい、はい、はい。

里村　それは、「霊界《れいかい》からご覧になっていた」ということですか。

山田方谷　ああ、はい、はい、はい。

里村　山田先生は、三十歳《さい》ごろに、佐藤一斎先生の門人として学ばれていて、佐藤先生が「後継者《こうけいしゃ》に考えておられた」と……。

山田方谷　それは、冗談《じょうだん》が過ぎるわなあ。

里村　いえ、いえ、いえ。

山田方谷　いや、冗談なんだよ、ただの。

里村　いえいえ。

山田方谷　もう儒学《じゅがく》は勉強することが、みんななくなったからね。「幕府の財政が逼迫した状況《じょうきょう》をどうするか」っていうのが、喫緊《きっきん》の課題だったからさあ。それで、ちょっと、わしあたりに、「〝台所役人〟ができないか」っていうことで、しゃべらそうとしてただけであってねえ。幕府も、もう台所が火の車だったわけよ。で、諸藩《しょはん》も火の車だった。火の車同士の戦いだったんだな。「どっちの火の車が、どっちの火の車を追いやるか」「（どちらが）より健全な火の車か」っていう話をしとったわけであってなあ。

まあ、「実務経験があった」っていうところを少し評価されたんだろうけどなあ。理論だけではなくてな。それをちょっと評価されてただけだろうけど。

里村　いえいえ。

山田方谷　いや、いや、いや、いや、いや。それはねえ、買い被《かぶ》っちゃいけないよ。

「百数十年前の人間が、現代の口頭試問《こうとうしもん》を受けるのは難しい」

里村　ところで、佐藤一斎先生のご印象というのは、どのようなものであったのですか。

この間、佐藤一斎先生に霊として来ていただきましたところ、「学びの大切さ」を説かれて、私どもは、大変な衝撃《しょうげき》を受けたのですけれども……。

山田方谷　うーん。

里村「あそこまで説かれた方というのは、いなかったのではないか」と、もう本当に私も……。

山田方谷　いやあ、いやあ、いや、いや、いや、いや、わしらもここに呼ばれると、もう冷《ひ》や汗《あせ》が出て。君は脂汗《あぶらあせ》だろうが。

里村　（苦笑）はい。

山田方谷　わしらは、みんな冷や汗でいっぱいなんだ。

里村　いえいえ。

山田方谷　そんな、もうねえ、「百数十年前の人間が呼び出されて、現代の口頭試問《こうとうしもん》を受ける」っていうのは、たまったもんじゃないよ。

里村　いや、口頭試問ではありません（苦笑）。そんな、めっそうもございません。

山田方谷　そらあねえ、受かる試験は何一つないよ。そんな、難しいわ。それはねえ、小学校から入り直さんと分からんねえ。

里村　いえいえ。

3 「徳川《とくがわ》幕府」と「自民党政権」の共通点とは

今も昔も、革命の陰《かげ》には「財政の逼迫《ひっぱく》」が必ずある

里村　冒頭《ぼうとう》の、大川隆法総裁のご解説のなかでも少し出たのですけれども、山田先生は、佐久間象山《さくましょうざん》先生と同門で、同じ時期に塾《じゅく》におられました。そして、お二人で夜中まで議論をして……。

山田方谷　あぁー。

里村　周囲の方が、うるさくて寝《ね》られなかったというような（笑）、半分、冗談《じょうだん》めかしたエピソードも遺《のこ》っていますけれども、佐久間象山先生とは、どんなことを議

論しておられたのですか。

山田方谷　あれは、基本的には〝バブル派〟だわな。「バブル派」対「財政再建派」の議論だなあ。

里村　ほお。そうすると、やはり、そうした「財政をどう見るか。経済をどう見るか」という話が中心だったのでしょうか。

山田方谷　うーん、まあ、彼も私も勉強したけど、「とにかく洋式化を進めなきゃいかん」というところでは一致《いっち》はしてたんだけどな。だから、幕府も洋式化を進めようとしてたし、雄藩《ゆうはん》も諸外国にならって、近代化を進めようとしてた。それは一緒《いっしょ》なんだけど、その財政的裏付けに関しては、やっぱり難しいものはあったからねえ。

例えば、薩摩《さつま》だって長州《ちょうしゅう》だって十分きつかった時代にね、内戦、国内の戦争でかなり逼迫《ひっぱく》しているなかで、幕府を倒《たお》すような流れと、「いや、もう幕府そのものを立て直して、やったほうがいいんじゃないか」っていう考えと、そのへんの議論はいろいろあるわな。

幕府だって「朽《く》ちたり」とはいえ、まだ力は持っとったからな。巨象《きょぞう》は巨象だったからねえ。そらあ、やっぱり、藩よりは大きかったわな。

だから、「幕府そのものを立て直したほうが、近代化するのが早いか」、それとも、「もう幕府なんか〝引退させて〟しまってというか、〝消去〟して新しい雄藩がやるか」っていうようなときで、意外に今は「刀と砲術《ほうじゅつ》で戦争して勝つ」っていう革命論もあるけれども、裏には財政論の革命があるわけよ。

これは、みんなあるわけよ。明治維新《いしん》もそうだけども、フランス革命だって、結局、財政のところは、だいぶあるわなあ。

「民《たみ》はパンが食えないのに、王族は〝こりゃこりゃ〟しとるらしい」と。まあ、嘘《うそ》とは思うが、マリー・アントワネットがね、「パンがなかったら、ケーキを食べたらいいのに」と言ったというような噂《うわさ》が広まったりしてね。

ただ、（彼女が）それほどバカなはずはないから、そんなことはないけど、そういう革命を起こすに十分な何かがなあ……。まあ、ジャーナリズムは十分なかったかもしらんけど、口コミで広がったら、そらあ、火ぐらいつけたくはなるような話だなあ。「ケーキを食べたらいいのに」というようなことだったら、そんなの、今でもカチーンとくるだろう。

だから、今の〝自民党幕府〟もな、アベノミクスなんかで景気（回復に）成功しようとしとるけど、今、政治家の金についての追及《ついきゅう》が厳しくなってるな。野党《とう》も両方だけどなあ。

これは、やっぱり、フランス革命と同じような状況《じょうきょう》だろうし、だいたい、革命の陰《かげ》には、財政の逼迫が必ずあるものなんだよなあ。

【山田方谷の霊界からの財政指南①】

今の〝自民党幕府〟も、アベノミクスなんかで景気（回復に）成功しようとしとるけど、今、政治家の金についての追及《ついきゅう》が厳しくなってるな。だいたい、革命の陰《かげ》には、財政の逼迫《ひっぱく》が必ずあるものなんだよ。

徳川家康《とくがわいえやす》以下、幕府は「経済成長を考えない政策」をとった

里村　現代の状況に即《そく》したお話もお伺《うかが》いしたいのですけれども、今、山田方谷先生は、大きな時代の変換《へんかん》といいますか、長い期間にわたってのマクロの動きもお話しされました。

山田方谷　いや、「岡山《おかやま》県庁の〝助役《じょやく》〟だ」って言ってるだろう。

里村　いえいえ。山田方谷先生が生前、佐久間象山先生と議論していた時期が一八三〇年代、つまり、ペリーが来る二十年前で、それこそ、「まだ日本国民が泰平《たいへい》の眠《ねむ》りを貪《むさぼ》っている」という時代ではあったのですけれども、若き先生がたは、その時代の変化というものを当時、感じておられて、それを発憤《はっぷん》の材料にして勉強されていたわけでしょうか。

山田方谷　まあ、江戸《えど》の三大改革なあ、有名なのがあったけど、いずれも成功はしなかったよな。成功しなくて……。本当は「新しい経済学」が必要になってた時期ではあろうなあ。

だから、儒教《じゅきょう》から来る経済学っていうのは、やっぱり、極《きわ》めて近代・現代には似つかわしくないものが出てはくるんだけどな。そこを何とか、昔の学だけではなくて、応用・発展させねばならんなと思ってたところはあるわなあ。

里村　はい。

山田方谷　まあ、日本独自の資本主義も、少し模索《もさく》されてた時代ではあるんでね。やっぱり、幕末に近づくにつれて、明治の「富国強兵」「殖産興業《しょくさんこうぎょう》」に当たるものが……、まあ、気運としては、それに近いものが、もう諸藩では起き始めてはいた

●**江戸の三大改革**　江戸時代に、幕府が大規模な財政・制度改革として実施した「享保《きょうほう》の改革」「寛政《かんせい》の改革」「天保《てんぽう》の改革」のこと。

ってことね。どこも財政が逼迫してたからな。

要するに、家康《いえやす》以下、徳川《とくがわ》幕府の初めにおいて、経済成長は考えない政策で、現状維持、そして、体制維持というスタイルを敷《し》いたわなあ。まあ、経済には詳《くわ》しい人ではあったんだけども、経済的に急に伸《の》びたら力はつくからね。諸藩を疲弊《ひへい》させるようなことをやった。

例えば、いちばん大きいのは参勤交代《さんきんこうたい》とかな。そういうのが大きいわなあ。そういうようなこともあるし、やっぱり、「海外との貿易がなかなか自由にできない。密貿易として取り締《し》まられる」ということもあったしな。

だから、経済発展を基礎《きそ》にはしてなかったわなあ。

たぶん、信長《のぶなが》なんかであれば、外国との

参勤交代（河鍋暁斎《かわなべぎょうさい》画／「御上洛東海道　高輪《たかなわ》牛ご屋」）

貿易はもっとやったと思われるがな。（徳川幕府は）どちらかというと鎖国《さこく》政策をとって、一国平和主義、および、発展しない……。まあ、デフレとは言わんけどな。今、「二十年間、経済成長がない」とか言うとるが、それが、ほぼ二百六十年間なかったわけよ。

里村　そうですね。

山田方谷　うーん。だから、「鎖国」っていうのは、そういうことだろう？　外国と貿易しないで、国内は、もう「みんな生かさず殺さず」で、どこかがものすごく金儲《かねもう》けするようなことがあっては困るわけでなあ。消費させ、浪費《ろうひ》させてな。

例えば、参勤交代なんていうのは、諸藩が金を使うために、要するに、幕府に刃《は》向《む》かえないよう、金を散財させるためにつくった制度だよな。よく考えたよ。あれはねえ、戦争しない自衛隊とほとんど一緒だ。

里村　（笑）

山田方谷　だから、戦争しない自衛隊、「戦争しないのなら、給料をもらって自衛隊に勤めるが、戦争するのなら辞《や》める」っていう、まあ、それによく似たもんだけど。戦争する代わりに、あれで疲弊させておったんだよなあ。

里村　ええ、そうです。要するに、経済成長を度外視するというか、むしろ計算に入れない、あるいは、経済成長を考えないように抑《おさ》える政策が、そもそも、徳川体制の下《もと》にあったわけですね。

大奥《おおおく》に倹約《けんやく》させた「幕府」、殖産興業《しょくさんこうぎょう》に努めていた「諸藩《しょはん》」

山田方谷　まあ、そのなかでもねえ、そうは言っても、だんだん現場が見えなくはなってくるからなあ。幕府のなかでは、ご下情《かじょう》というか、市民の生活が見えないし、諸藩《しょはん》の生活がなかなか見えなくはなってくるのでな。

それは、なかでは贅沢《ぜいたく》はあるから、やっぱり、勝海舟《かつかいしゅう》なんかが諫《いさ》めたりはしておったわなあ。「大奥《おおおく》を改革して、無駄《むだ》な贅肉《ぜいにく》を取らなきゃいけない」っていうようなことでな。大奥の偉《えら》いトップに〝変装〟させて、江戸市内に連れ出し、江戸の実情を見せて、大奥のちょっと贅沢しすぎてるところを倹約《けんやく》させたりした。

それに、幕府も最後はねえ、若くてまだ嫁《よめ》に行けるような人は、何だ……、君らの言葉では「還俗《げんぞく》」か？　知らんけど、まあ、解雇《かいこ》して、もう年取って行く先のないお女中《じょちゅう》ばっかりを大奥に残して、若いのは全部出して、「外で働け」というようなことまでして、かなり身を削《けず》ることは、やってはおったがなあ。

まあ、諸藩もねえ、それは、涙《なみだ》ぐましい努力はしとったわけよ。

例えば、櫨《はぜ》を植えて、木蠟《もくろう》を採《と》ることや、「より効率のよい穀物が穫《と》れるには、どうしたらいいか」とか、灌漑《かんがい》やそんなのもやってみたり、あるいは、サツマイモを植えてみたりなあ、いろいろなことをした。
飢饉《ききん》がよく来たからねえ。

里村　はい。

山田方谷　日照りや飢饉、そういうものがあったり、地震《じしん》もあったりねえ、いろいろして、蓄《たくわ》えがなくなるときもあったから、年貢《ねんぐ》が納《おさ》められない。これで、百姓一揆《ひゃくしょういっき》が起きるからなあ。

そうしないようにするための備えを、やっぱり考えないかんことはあって。要するに、殖産興業《しょくさんこうぎょう》は、どこも考えてはおったわなあ。

それで、石高《こくだか》制は、太閤《たいこう》様のころに決めたものだと思うが、あれもなあ、だいたい「理論値」だからねえ（笑）。侍《さむらい》に「何石与える」とか言ったって、「実際に、米を何俵くれる」っていうんではなくて、「計算値」であるので、現実はそうなっていないことは多かったわなあ。

だから、何とか、農民のところからだけ税金を取ってたかたちから……、まあ、本当は町民のほうが豊かになってきつつあったけども、町民から税金をうまく取る方法をまだ考えついていなかったので、抜本的《ばっぽん》に、税制も何か考えないといかん時期にはなっとったわなあ。

維新《いしん》の志士は「商人階級」からの財政支援《しえん》を受けていた

里村　今、当時の諸藩の財政改革についてのお話を、山田先生からお伺いしました。ただ、実際のところ、諸藩も殖産興業を考えていたとはいえ、実際にやっていたことは、日本の最近の朝のドラマ（「あさが来た」二〇一五年九月〜二〇一六年四月放送）でもやっていましたけれども、結局、「商人からお金を借りて、最後は踏《ふ》み倒し」という藩がほとんどという……。

山田方谷　ああ、そうなんだよ。幕府は最後……、ああ、諸藩もやったなあ。

里村　はい。諸藩もやりました。

山田方谷　幕府も〝踏み倒し〟をやったから、これでは、やっぱりあれだよな。商人階級からの税金をうまく取るシステムが、そんなに上手につくれなかったので、「強権を発動し、借りる」っていうかたちにして踏み倒すわけだから、だんだん、信用は落ちるわなあ。

だから、明治維新《いしん》が起きたのには、そちらのほうの商人階級っていうか、町人階級が、維新の志士たちを財政的に支援《しえん》して、（幕府を）倒させようとした面はそうとうあると思うなあ。

里村　はい。今で言えば、「企業《きぎょう》経営者の反乱」というか……。

山田方谷　そう、そう、そう、そう、そう、そう。だから、金儲けを知ってた階級だよな。

里村　はい。

山田方谷　その人たちが、やっぱり、新しい時代を拓《ひら》こうとしていたところはあるわなあ。

【山田方谷の霊界からの財政指南②】

明治維新《いしん》が起きたのには、商人階級、町人階級が、維新の志士たちを財政的に支援《しえん》して、（幕府を）倒させようとした面はそうとうあると思うなあ。金儲《かねもう》けを知ってた人たちが、新しい時代を拓《ひら》こうとしていたところはあるわなあ。

4 山田方谷が実践《じっせん》した「財政再建の基本」とは

備中松山藩《びっちゅうまつやまはん》の財政再建は「本能的」「直感的」に行《おこな》った

里村　それも現代との絡《から》みで言えば、非常に興味深い論点なのですけれども、まず、当時のことをお伺《うかが》いしたいと思います。

山田方谷先生は、「武士は、借金して踏《ふ》み倒《たお》すのは当たり前だ。それをやって当然なんだ」という時代に、「理財論」を説かれ、目先の利益にとらわれるのではなく、義を立てて、つまり、「正しさ、正義、筋道《すじみち》」を立てることによって備中松山藩《びっちゅうまつやまはん》の財政を再建されま

「理財論」の教えが刻まれた石碑。「聖人たる君子は、義の道筋を明らかにするだけであり、自分自身の利を求めることはしない」の意。（岡山県高梁市中井町西方の「方谷園」）

した。

しかも、それは、理屈《りくつ》だけではありませんでした。例えば、具体的に言うと、「特産品をつくる」ということをされましたけれども、これは「ブランド戦略」であると思います。

また、藩札《はんさつ》を刷新して、いわゆる「悪貨《あっか》の駆逐《くちく》」をされましたが、これはおそらく、今では「悪性インフレの退治《たいじ》」に当たるかと思うのです。

山田先生のそのような考え方は、いったいどこから出てきたのでしょうか。あるいは、それを、どのようにやられたのでしょうか。そうした当時のことを、ぜひ後学《こうがく》のためにお伺いしたいのですけれども。

山田方谷　いやあ、何も分からんよ。そらあねえ、もう本能みたいなもんだな。ま

「理財論」の教えが刻まれた石碑。「大局的な見地から物事を見通すことが大事であり、目先のことにとらわれてはならない」の意。（岡山県高梁市中井町西方の「方谷園」）

あ、本能的に何となく。

里村　本能ですか。

山田方谷　もう直感的にな、「これは、いかんのではないか」というのは分かるからなあ。そらあねえ、いや、世直しが必要な感じの気運っていうのは、やっぱり何かあるわけでね。まあ、みんな分かっているわけよ。

例えば、「金貨の質が悪くなっていく」とかいうのな。「鋳造《ちゅうぞう》する貨幣《かへい》が悪くなる。実は、水増しして悪くなる」とかさ、「銀を掘《ほ》り尽《つ》くす」とかさ、そういうようなことも起きてくるから。

まあ、当時の人は、その価値の源泉は何かが分からなかったところがある。金や銀をそのものだと思ってたところがあるからな。

その意味では、幕末の「金銀等の国外流出」っていうのは、けっこうあったんじゃないかなと思うがなあ。国際価格がよく分からんかったからねえ。
これは、そうとう、国内の国富を減らしただろうなあ。近代的な経済学が成り立っとらんかったからなあ。

経済が伸《の》びないのは、「信用の創造」に失敗しているから

山田方谷　だからねえ、結局のところ、信用の裏付けなんだよ。

里村　「信用の裏付け」ですか。

山田方谷　例えば、藩の信用と幕府の信用。「信用」っていうものを、どうやってつくるかなんだよな。
あるいは、信用のほうは、幕府や藩にはなくて、豪商《ごうしょう》のほうにあったかもしれないけども、そういう信用があるところであれば、証文代わりに、何か紙幣を刷ろう

が、小切手《こぎって》のようなものを出そうが、手形《てがた》を出そうが構わないし、信用さえあれば、経済としては成り立つんだけどな。

この「信用の創造」っていうことが、どうしても、当時はできなかったんだな。だから、現にあるもの、「金や銀を消費する」とか、あるいは、「食べ物、食糧《しょくりょう》を、物々交換《こうかん》的に価値のあるものとして考える」とか、それ以上のものまで行かなかったところがあるんでね。

信用創造のところだな。「これがまだ分からなかった」っていうところはあるわなあ。

だから、頭の悪い人から見ればさあ、それは、金貨の中身、金の含有《がんゆう》量を薄《うす》めてでも数を出しゃあ、なんか財政が豊かになるように見えるじゃないか。なあ？

それは、食糧で言やあ、まあ、水団《すいとん》みたいなもんで言やあさあ、お粥《かゆ》にだんだん水を入れて、薄めれば量は増えるけど、みんな食べた気がしないのと同じようなことだわなあ。そういうことがまかり通るし、うどん屋へ行っても、うどんが二、三本しか入っていないんでは、これはたまったものではないわなあ。だから、このへんの信用のところの経済学が、もうちょっと立たないといかんかったわなあ。

里村　はあー……。

山田方谷　今も、まあ、同じだろうとは思うがなあ。「信用の創造」に失敗しているから、経済が伸《の》びないのは現在も一緒《いっしょ》だよ。「新しい信用」のもとをつくれないでいるんだと思うんだよな。「土地本位制」が崩れたあとの「新しい信用」のもとがな、つくれないでいるんだよ。ここが問題なんだよ。

里村　はい。

【山田方谷の霊界からの財政指南③】

結局のところ、信用の裏付けなんだよ。
「信用の創造」に失敗しているから、経済が伸《の》びないのは
現在も一緒《いっしょ》だよ。「土地本位制」が崩《くず》れたあとの
「新しい信用」のもとが、つくれないでいるんだよ。
ここが問題なんだよ。

資本主義的な考え方は「本能的」「経験的」に分かっていた

里村　信用創造というのは、近代経済において、銀行というものが主に担《にな》っており、その信用創造から経済のパイが大きくなっていきます。

そうした銀行、バンクというものが日本に入ってきたのは、明治以降になるのですけれども、山田先生は、すでに先駆《さきが》けとして、それを考えられていたわけですね？

山田方谷　まあ、資本主義的な考え方はな、本能的にはだいたい分かるわけよ。みんな分かるわけなんだけどね。

だから、何が価値を生み出すかということ。その価値は、「交換価値」を生み出すし、「使用価値」を生み出すし、さらに「再生産価値」を生み出すし、二次、三次に「副次的価値」を生み出すものがいっぱいあるからなあ。

例えば、貿易というものを公然とやればねえ、本当は、「ない国に、ある国が売って、それで、ある国は、自分のところにないものをそこから買えば、お互《たが》いが豊かになる」っていうことがありえるわな。こういうものを、徳川《とくがわ》時代は禁じてたわけだから。これは、新しい経済で豊かになりたかったら、開国しなきゃいけないわな。当然ながらなあ。

それから、藩と藩との間の交流もなあ、もう密偵《みってい》ばっかり放ってね。いやあ、〝CIA経済〟は、もうとっくの昔に日本は経験しているわけで、「みんな、幕府の目を盗《ぬす》んで取引をやってないかどうか」とか、そういうのは調べておったでなあ。ずーっとやっとったんで。あと、密貿易を禁じるのは、ずいぶんやっておったわなあ。

それから、あと、アングラ経済、地下経済っていうのかなあ、そういうようなものが、何か発達したりしてくるでなあ。そのへんが、よくウオッチされとった。

あと、投機的なものの考えをね、理解するのはなかなか難しいんだけど、ただ、感覚的には分かるわけよ。

台風の日にね、紀伊国屋文左衛門《きのくにやぶんざえもん》みたいに、みかんを和歌山《わかやま》から江戸《えど》に運ぶことができたら、そのあとは、もうぼろ儲《もう》けになるっていうの。「みかんはしばらく入らないから、そういうときにみかんが売れたら、もう、ぼろ儲けになる」みたいなことは分かった。

だから、そういう投機性のある考え方っていうのは、経験的には分かっていたんだけども、「これを体系的にどう考えるか」っていうことはねえ、なかなか分からないところがあったわなあ。

財政再建の第一歩は「節約・倹約《けんやく》」

里村　奢侈《しゃし》・贅沢《ぜいたく》の禁止を出すなどされた山田先生の政策を見ると、現代の経済学的な言葉で言えば、財政改革、財政再建の第一歩には「緊縮《きんしゅく》財政」があったかのようにも見えるんですけれども、一方で、公共工事にもしっかりとお金を入れて、領民に現金が回るようにする政策もされています。

この部分を見ると、緊縮財政ではなく、いわゆる「財政出動」、非常に積極財政をされたようにも見えます。まあ、区分すべきものではないかもしれませんが、このへんはどのように考えればよろしいんでしょうか。


山田方谷　いや、君らが知っているように、まあ、「エコノミー」と言ってたかなあ、「エコノミー」の語源は「節約」から来るからなあ。節約・倹約《けんやく》が経済のもとだからな。

それをしないで垂《た》れ流し風に使ったら、一家の財政ももたなければ、藩の財政も、国の財政ももたないからな。だから、無駄金《むだがね》、要するに、〝出血〟を止めるっていうのは、まあ、基本は基本だからね。家のなかだったら、無駄金を使ってるところがあれば、そこを止めなきゃいけない。

時間で言やあ、無駄時間を使ってるものは止めるべきだろうな。あるいは、仕事のなかの無駄な部分は抑《おさ》えて、有益な部門にやらないかんわなあ。

要するに、「重要なところのほうに絞《しぼ》って、無駄なものを削《けず》る」っていうのは、単にお金の問題だけでなくて、全部に通用することだからな。これが、やはり、価値を生む考え方だな。

だから、そういう意味での、〝出血をまず止める〟っていうのは、基本は基本だと思う。

里村　はい。

より大きな経済を興《おこ》すには「インフラの整備」が必要

山田方谷　それから、二番目にあなたが言ったことのなかにも入っておったが、今は「インフラ」と言うんだろうけれども、大きな産業を興《おこ》していく前に整備しなきゃいけないものがあるよね。道路とか、灌漑施設《かんがいしせつ》だとかね。あるいは、塩田《えんでん》をつく

【山田方谷の霊界からの財政指南④】

「重要なところのほうに絞《しぼ》って、無駄《むだ》なものを削《けず》る」

っていうのは、単にお金の問題だけでなくて、

全部に通用することだからな。

これが、やはり、価値を生む考え方だな。

るにしたって、それには塩田用に十分な施設の準備が要《い》るわな。このへんは、「個人でやれ」というにはちょっと大きな金が必要になるんで、やっぱり、ちまちまやってもうまくいかない部分はあるわな。

だから、「インフラに当たるものをやることが、より大きな経済を興す」ということに気づくかどうか。

まあ、藩のレベルあるいは国のレベルでは、当然、知ってなければいけないことだわな。これが分かるかどうかというのは大きなことだよな。

里村　なるほど。

「地方特産品の開発」と「全国流通網《もう》の整備」

山田方谷　その次は、いわゆる殖産興業《しょくさんこうぎょう》・富国強兵につながることだけども、新しい産業の種っていうかなあ、まあ、商売の種、あるいは、地方の特産品だよな。

そういうのは、岡山《おかやま》なら岡山の特産品は何であるか。なあ？　江戸にしかないものは何であるか。鹿児島《かごしま》にしかないものは何であるかっていう、特色をもって差別化を図《はか》らねばいかんところはあるわな。そういう特産品を開発して、それを全国に売っていくような努力をしなきゃいけない。

また、その過程で、目に見えるかたちではないかもしらんが、経済の流通、流通網《もう》の整備もまた、これ、先ほど言った、目に見えるかたちのインフラとは別に、人間の行動原理としての信用経済だけども。何と言うかなあ、要するに、流通経路、流通網、問屋《とんや》網、そういうところに信用がある網《あみ》の目を、全国に巡《めぐ》らしていかねばならないわなあ。

まあ、こういうこともあるし。

里村　はい。

最終的な経済としての「戦争経済」

山田方谷　あとは、最終的な経済として、「戦争経済」っていうのもあるんでね。それは、国内でもあるし、海外でもある。戦争で敗れたら、もはや、丸ごと屋台骨《やたいぼね》が崩れるんでね。

だから、国内であれば、他の藩の領土になったり幕府の直轄《ちょっかつ》領にされたりすることもあるし、外国にやられれば植民地になって、彼らが必要とする原始的な農奴《のうど》制みたいなのにやられかねないところはあったからね。

うーん、そういう戦争経済もあるやろなあ。まあ、このへんを、全体を考えて見ないといけないよねえ。

磁石《じしゃく》のように「お金を引き寄せる考え方」を持つ

里村　今、資本の蓄積《ちくせき》、インフラ整備、付加価値創造、それから、流通網、サプライチェーンの整備等のお話がありました。確かに、山田先生は、当時、流通においては大阪《おおさか》をすっ飛ばし、江戸と直接つながることで、より付加価値が創造される方向にするなど、極《きわ》めてオリジナリティーが高いことをなさっていましたし、何だか、本当に現代の方にお伺いしているような感じがいたします。

当時、学問の師として佐藤一斎《さとういっさい》先生などもいらっしゃいましたけれども、こういう発想は、やはり、本能で出てきたものなんでしょうか。

立木　「そういう本能をどのようにして開拓《かいたく》・開発すればいいのか」というところを、ぜひ、お教えいただければありがたく思います。

山田方谷　だからね、私が君のところ（ＨＳ政経塾《せいけいじゅく》）の塾長をすればさあ、とたんに塾生が増えて、収入は増えるわけよ。だけど、君が座《すわ》っていると塾生が減って、収入が減るわけよ。これはもう、ほとんど、人間が持ってる本能としか言いようのないところがあるわなあ。

立木　はあ。はあ。

山田方谷　それはねえ、何て言うか、お金を引き寄せるのにも磁石《じしゃく》みたいなものがあるわけよ。こう、お金が引き寄せられるような考え方を思いつく人と、思いつかない人がいるんだな。

里村　そこは、ぜひ、お伺いしたいんですけれども……。

山田方谷　儒学者《じゅがくしゃ》の九割以上は、それはね、基本的に、お金が吸いつかない考え方をするわけよ。

【山田方谷の霊界からの財政指南⑤】

お金を引き寄せるのにも
磁石《じしゃく》みたいなものがあるわけよ。
こう、お金が引き寄せられるような考え方を
思いつく人と、思いつかない人がいるんだな。

里村　そうでございますか。

山田方谷　もう、学問の正確さを一生懸命《いっしょうけんめい》に追究してるけども、まあ、訓詁学《くんこがく》そのものは、価値を生まないんだよな。その訓詁学的な儒学だけでは価値を生まないが、それは学問研究としては成り立って、精緻《せいち》であればあるほどいいんだけども、「それを使ったらいったい何ができるんですか」「どういうふうに役に立つんですか」っていうことを教えることができれば、町民だって学びに来るわけだから、それは、顧客《こきゃく》が増えるわけやなあ。まあ、それができればな。

里村　ええ。

山田方谷　そういうことを教えれば、みんな店を出して、自分のところで塾を開いて、客が取れるけども、自分とか、そういう専門的にやった者しか分からないような学説ばっかりをやっとったら、まあ、それは広がらんわなあ。

「頭でっかち」か「お腹《なか》でっかち」かで儲《もう》かり方は変わる

里村　そこを分けるものを知りたいんですね。つまり、山田先生は、学問と実務、あるいは理財家と、その両方を両立させているわけです。

山田方谷　うーん。

里村　今、立木からもあったように、私どもとしましては、ぜひ、そこが何かを知りたいのですが。

山田方谷　それはねえ、立木とねえ、君は何？　さ、里村？

里村　はい。

山田方谷　その違《ちが》いなんだよ、それはね。

里村　ええ。

山田方谷　君はね、体、体格を見れば分かる。食欲のニーズは、彼の二倍はある。

里村　（笑）はい。

山田方谷　どう見ても。だから、二倍は食べないと、君は生きていけない。二倍の食料を手にするためには、何でもやらな、しょうがないわなあ。

里村　ああ……（笑）。

山田方谷　やっぱり、二倍分を何とかして稼《かせ》がないかんわけだからさあ。そうすると、大根でも芋《いも》でも、何でもいいから、とにかくねえ、受講者が持ってきてくれないと困るわけよ。

里村　はい。

山田方谷　だから、君は、そのためには何とかして、「受講者が『もう一回来ようかな』と思うことを、なんぞ言わないかん」と考えるわけよ。

それができたら、その受講者が、「今日の話はここがよかった」とか「分かった」とかいうところを持って帰らさないかんわけよ。

里村　はい。はい。

山田方谷　学問的に「精密さ」を追究しておるとな、そんなことは知ったことではないわけであって、自分の言ってることが正しければいいわけだ。「正義の法」も、要するに、自分の考えていることが正しいということを、ただただ追究する「正義」もあれば、「飯《めし》が食えてこその『正義』である」という考えもあるわけよ。

里村　うーん。

山田方谷　だからねえ、それは気をつけないかんところなんだな。「頭でっかち」か「お腹《なか》でっかち」か、まあ、これによってやっぱり変わるわけよ。「お腹でっかち」のほうが、本能的には、金が儲《もう》かるようになっとるわけよ。
うん。

里村　まあ……（笑）、いや、いえいえ。

5　〝自民党幕府〟への指南①　潜在的《せんざい》失業者を淘汰《とうた》せよ

「公務員の半分以上は失業対策だろう」

綾織　なるほど。「生きた経済」を肌《はだ》で感じ取られている、その本能から見た現代の政治・経済についても、ぜひ、お伺《うかが》いしていきたいのですが。

先ほど、〝自民党幕府〟という言葉も出ました。おそらく、今の時点で〝出血〟をしている部分がたくさんありますし、仕事としてまったく足りていない部分もあると思うんです。

山田方谷　うーん。

綾織 山田先生であれば、その本能に基《もと》づいて、今の〝自民党幕府〟に対し、どこからどう手をつけていくのかということを、ぜひ、お伺いしたいところです。

山田方谷 あのねえ……、失業者をいっぱい抱《かか》えとるよな、本当はな。

里村 失業者を抱えている？

山田方谷 本当は〝潜在的《せんざい》失業者〟であるのに、正規に働いているように見せて金を払《はら》ってる部分を洗い出さないと駄目《だめ》だわな。

綾織 これは、普通《ふつう》の企業《きぎょう》のなかにもあることですね。

山田方谷 うん。まあ、公務員の半分以上は、実は失業対策だろう？ 公務員はな。

失業対策として雇《やと》っていると思われるが、会社のなかにもそれはあるわなあ。

綾織　はい。

「働かない教職員」を多数抱《かか》える赤字の大学に、補助金は必要か

山田方谷　大学なんかのなかにも、いっぱいあるわなあ。

綾織　ほう。

山田方谷　例えば、大学に通ると、要するに、国立大学は税金でやったって、それはもちろん、構わないんだけどな、もともとな。

だけど、平等という考えからとか、「国民の負担から見て、もうちょっと公平にしなければいけない」みたいな理屈《りくつ》をいろいろ考えて、「私立大学も授業料に格差

があってはいけない」というようなことで、国立(の授業料)を上げるっちゅう案もあるけれども、私立のほうにも補助金を出したりしてるわなあ。だから、基本的に、補助金をもらってない私立大学っちゅうんがないんだろうと思うわな。

まあ、それを、今度、カットするかどうかっちゅう話をしてるが、要するに、補助金をもらうためには、黒字であってはいけないわけやな。基本的にはね。赤字をつくらないといかんわけよ。赤字をつくらないと、「補助金は要《い》らない」っていうことになるからね。

里村 うーん、はい。

山田方谷 だから、赤字をつくる。赤字をつくるにはどうするかっていうと、「働かない教職員」をたくさん持ってるっちゅうことが赤字の原因だろうから、たくさん、なかでプールする(溜《た》める)わけや。実は、〝内部失業者〟がいっぱいいるわけね。

里村　なるほど。

山田方谷　これを企業的にやるとどうなるかっていうと、本来、みんなちゃんと授業をして、授業料を取れるように働かないかんし、本を書いて売らなきゃいけないし、さらに収入をあげたかったら、「大学の外部まで行って、公開セミナーをいっぱいやってでも収入をあげてこい」と、ここまでくるわな。企業的に言えばな。

里村　はい。

山田方谷　それが、勉強してるだけで給料が何十年も出るような人をいっぱい持ってるし、要りもしない事務がいっぱい発生したりしている。

まあ、これは大学で起きてることだよな。例えば、こういうものが何兆円も教育費として〝消えて〟いってるはずだわな。

綾織　そうですね。

「潜在《せんざい》的失業者が税金を食《は》めるシステム」が財政赤字を生む

山田方谷　それから、医療《いりょう》関係だって、本当はもう、〝潜在《せんざい》的失業者〟の山だよ。おそらくな。

里村　はい。

山田方谷　それから、あんまり言うと打撃《だげき》が出るから、言っちゃいけないかもしらんけども、「給料を高くしないと、医者になってくれない」と思って、給料を高くするには供給を絞《しぼ》る。医学部の数を絞り、定員を絞る。難しくする。それで高収入が保障される。

医者は、勤務医でも二千万はもらえるし、開業医なら、まあ、四千万ぐらいはなかったら、とてもじゃないけどやっていけないということになってるわな。

だから、中小企業の経営規模ぐらいまでできるようになるには、供給を絞って、（給料を）高くするようにする。

最近は、弁護士でそれを解禁して失敗したからなあ。やっぱり、数を絞っとくほうが（給料が）高くなるということはよう分かってるわけや。

里村　ええ。

山田方谷　薬局も、そういうので絞っとったわなあ。薬局に行って、薬剤師《やくざいし》が薬を処方しなきゃ買えないようになっとったら、それは、経済的には安定するが、こんなのが通販《つうはん》でいろいろ買えるようになったり、コンビニで買えるようになってきたら、そういう〝特権階級〟がなくなっていくわなあ。当然、厳しいことが起きるわな。

里村　はい。

山田方谷　だから、実際は、法律とか、いろんなもので定めた資格とか許認可によって、ほかの一般《いっぱん》市場に入ってないものがいっぱい出来上がっているわけよ。
そこに、実は、〝潜在的失業者〟が銭《ぜに》を食《は》むっちゅうか、税金を食めるシステムが出来上がってるわけね。完全に出来上がっているんで。これが、実際は国家財政の赤字を生んでるわけね。

里村　なるほど。

市場経済的な「淘汰《とうた》の原理」が働いていないところを見直す

山田方谷　これを一般の市場経済に任《まか》すとすれば、要するに、淘汰《とうた》されて、要らないものは必ず消えるわな、お店だったら。必ず消える。

里村　はい。

山田方谷　ドーナツ屋だって、一軒《けん》はあってよくてもだなあ、二軒出したら、どっちかは潰《つぶ》れる可能性がある。三軒になると、確実に潰れるところは出てくるわな。

里村　そうですね。

山田方谷　今、コンビニなんかももう、日夜、その戦いをやっとるんだろ? コンビニが戦いをやっている。

それは、専門店との戦いも起きているわなあ。専門店では高いコーヒーが出ているが、コンビニなんかでも、「百円コーヒー」であるにもかかわらず、まあ、産地の農園まで、資本ができてくればなあ、大手のコンビニになれば資本があるから、産地で買い付け型の農園をつくって、いい豆を入れて、百円で売るとなったら、これはいよいよ〝専門店殺し〟が始まるわなあ。

里村　はい。

山田方谷　そういうことは、現実に起きておることだけども。この原理が働いていないところを、全部、まず見直すところから始まらないといかん。

それで、やはり、自然に周りに任したら失業するものを、それが不安定を生むから維持《いじ》しなきゃいけないっていうのは、徳川幕藩体制《とくがわばくはん》と一緒《いっしょ》なんですよ。それが不要だから潰れるんであれば、それは、新しい職業をつくっていかなければいけないわけで。必要な職業のほうに、人は移動しなければいけない。それがないならば、まあ、新種の職業をつくらなければいけないわけですな。

それができていないっていうことで。これは、君らが言う「愛の思想」なのか、それとも、「甘《あま》やかしの思想」なのかは分からないけども、この部分で保障されているところはそうとうある。

許認可行政で護《まも》られ、補助金で護られ、さらには、国家政策として最低賃金を維持するとか、春闘《しゅんとう》の交渉《こうしょう》の底上げまで政府がやってくれるっていう（笑）、まあ、至れり尽《つ》くせりの政府だけど、自分の子供のころに社会科で習った、英国の「ゆりかごから墓場《はかば》まで」という、時代遅《おく》れのやり方みたいなことを、大人になってやっとるんだよ、たぶんな。

里村　はい。

山田方谷　そういう人はね、墓場に行ってもらわないといけないわけだなあ。

里村　うーん。

山田方谷　やっぱり、まず、その〝出血〟を止めないといかんねえ。〝出血〟を止めて、未来の産業が成立するほうのインフラに投資する財政出動型は結構。それはやってもよろしい。そして、さらに、そうした失業者が出てくるところに、新種の業種を発展させねばならないわけね。

里村　はい。

【山田方谷の霊界からの財政指南⑥】

まず〝出血〟を止めて、未来の産業が成立するほうのインフラに投資する財政出動型は結構。

そして、さらに、失業者が出てくるところに、新種の業種を発展させねばならない。

6 〝自民党幕府〟への指南②

「国家主導」を最低限に減らせ

法律をつくりすぎることが経済を阻害《そがい》する要因になる

山田方谷　だけど、国家主導ではうまくいかないことは、まあ、いくらでもあるんで、ここにも要注意ね。

「国家主導でやっているほうがいいもの」「今すぐ収入にはならないけれども、将来的に必要になるもの」とか、あるいは、「利益にはならないけれども、絶対に必要なもの」については、国家がやらなきゃいけない面はあるけれども、例えば、塾《じゅく》産業なるものは、まあ、別に、国家主導で起きたもんではないよなあ。

国家主導に塾産業を置いて、塾を全部系列化し、国家が管理したら、これはもう、学校と同じ状態が起きるわな、おそらくね。

塾だって競争に敗れたら潰《つぶ》れる。予備校だって競争に敗れたら潰れる。非情なものですよ。だけど、一般《いっぱん》に、そのなかで戦っているわけで、切磋琢磨《せっさたくま》して、「教え方」、あるいは「教材」や「テスト」、いろんな工夫《くふう》をして、企業《きぎょう》間競争をやって、敗れるものは敗れて、退場したり吸収されたりしていくわけやな。

「学校は歩いて二キロ以内にあるべし」というような感じでな。これは、薬局も、風呂《ふろ》屋も、同じようなところがあったけど、まあ、そんなようなので護られてるものがある。

だから、国会で法律ばっかりつくっとるのは、ちょっと考えないといかんですなあ。

里村　うーん。

山田方谷　うん、それがねえ、経済を阻害《そがい》している要因であるというところがそうとうあるわなあ。

やっぱり、法律っていうのは、最低限にしなきゃいけないわけよ。

「経済の自由化」と「独占《どくせん》産業」とのぶつかりをどう考えるか

綾織　これは、かなり徹底《てってい》した自由化路線ということでしょうか。

山田方谷　まあ、そういうことだよな。

だから、今、「TPP（環《かん》太平洋戦略的経済連携《れんけい》協定）」っちゅうのか？

里村　はい。

山田方谷　そういうのをやっておるようだけども、要するに、外国から見りゃ、例えば、農産物にしても、「日本では、なんでそんな高いものをみんなで買って食ってるの?」ということを、まあ、言うとるわけよ。「うちは、もう二分の一でできますよ」とか、場合によっては、「十分の一でできますよ」「なんで、これを買わないで、国内の高いものをみんな使ってるんですか」というようなことを言ってるわけね。だけど、(海外のものは)入れないようにして頑張《がんば》ったりしてるわけね。

うーん……、でも、民間でもそういうものをつくる場合もあるよ。それは、名古《なご》屋《や》地区では、トヨタ車以外は走れない。走ったって、駐車場《ちゅうしゃじょう》に入れてくれない。トヨタの車でないと駐車場に入れてくれなかったら、それはもう、トヨタ車を買うしかないわねえ。東京から日産なんかで走ってきた者には駐車場に入れない。トヨタの工場の敷地《しきち》内にも入れないし、トヨタの関連会社も、どこも入れてくれない。それは困るわなあ。

そういうことで、民間もやります。それは、まあ、それぞれやってますけどね。ビール会社だって、自分のところの系列の会社の人が酒場に行ったら、自分のところの、「キリンビール出してくれ」とか、「サッポロビール出してくれ」とか、自分のところが出資している関係、商売でやっている、取り扱《あつか》っているものを注文する。「ない」と言ったら、「ええっ！　このビールもないんか。この店は駄目《だめ》だあ！」とか言ってさ、客になって暴《あば》れてみて、それを入れさせる。こういうことを、実は、アフターファイブに営業としてやっとるわけよ。なあ？

里村　うーん。

山田方谷　三菱《みつびし》の社員が来たら、「キリン！」とか言って、なかったら暴れたりするわけよ。
　三井住友《みつ い すみとも》系が来たらなあ……、そらあ、まあ、わしも詳《くわ》しくはないけどもなあ（笑）。

里村　いや、詳しゅうございますけど（笑）。

山田方谷　いや、いやいや（笑）、大変な……。あんまり詳しすぎたら、ちょっと問題があるからいかんけども。

例えばな、「スーパードライ！」とか言うとすりゃあなあ、なかったら怒《おこ》るし、「もう帰ろうか。ほかの店、行こう」とか言われると、やっぱり、店主は脅《おびや》かされるから、入れざるをえないわなあ。

そういうふうなかたちで、夜も営業は続いておるわけよ。銀座《ぎんざ》でも、新宿《しんじゅく》でも、渋谷《しぶや》でも、六本木《ろっぽんぎ》でも、戦いは延々と続いとるわけで。そういうふうにやってるわけで、法律以外のものもあるんだけどね。

あることはあるんだけど。まあ、ある程度までは許されるところもあるけども、例えば、完全に制圧してしまうところまでやると、独占《どくせん》産業になることもあるから、まあ、そのへんは、少し、民間のほうからも見なきゃいけない部分はあるかもしらんと思うけどなあ、うーん。

「ザ・リバティ」を例に、「財政再建三つの道」を語る

綾織　山田先生というと、財政再建派というイメージがとても強く、そういう意味では、今の財務省などは、「自分たちの味方をしてくれそうな方である」という認識をしてもおかしくないと思うんですけれども。今の財務省というのは、「増税をしていき、特に、社会保障を賄《まかな》っていく」ということで、「財政再建も大事だ」という立場に立っています。

山田方谷　いやあ……、いや、そんなことはないよ。私は、やっぱり、経済全体について考えてるんで。

里村　ほう。

山田方谷　例えば、「ザ・リバティ」（幸福の科学出版刊）という雑誌がある。（幸福の科学では）伝道して信者が毎年何万人単位で増えとるというなら、「ザ・リバティ」だって、比例して売上が増えないといかんわなあ。ところが、残念ながら、比例して売上は増えずに、低迷《ていめい》あるいは衰退《すいたい》する傾向《けいこう》も、一部、出てきてる。これは絶対におかしいわけだ。

里村　はい。

山田方谷　だから、信者の信仰心《しんこうしん》が薄《うす》れておるか、うーん、さもなくば、何かほかのものに食われてるということになるわな。
これで、税金型のものを考えれば、「ザ・リバティ」を支えるために補助金を投入しなきゃいけないわけね。補助金を投入する。補助金が、君（綾織）んとこに入る。年一億円、補助金が入る。何する？

例えば、広告を増やして一般に買ってもらおうとする。しかし、広告をしたけど一般には（広告を見た人のなかでは）五百部しか買ってもらえなかったということで、補助金は無駄に空中に消えていくというようなことが起きるわけね。

二宮尊徳《にのみやそんとく》先生風に言えば、君は背中に薪《たきぎ》の代わりに「ザ・リバティ」の束を積んで、今月中に売り尽《つ》くさねばならんということ、率先垂範《そっせんすいはん》して売って歩かなければいけないわけだな。

だから、君が薪の代わりに「ザ・リバティ」を何百冊か背負って、銀座の街角に立ち、君の部下がチラシを撒《ま》いて、「『ザ・リバティ』の特集は、こんなものが出てますよ。これ読まないと駄目ですよ」と、マスコミの前や経済感覚のある人の前で配らないかんわけだな。

で、財政再建っていうのは、そういうふうに「補助金」で財政再建ができるのか。あるいは、そこまでやって、自力によって「マーケティング」もして売上を増やすのか。

ただし、補助金を「ザ・リバティ」に入れるにしてもだなあ、それは教団内からお布施《ふせ》の一部がそちらに流れていくということになるわなあ。まあ、それの取り合いではあるんだ。各局の取り合いではある。

だから、例えば、「『ザ・リバティ』を廃刊《はいかん》にすれば〝出血〟が止まるか、HS政経塾を潰せば〝出血〟が止まるか」っていう厳しい戦いが起きるわけやな。

それを「増税だけかければいい」っていうんだったら……。例えば、会員さんは、今、登録しても、会費は取っとらんのだろう? 君らはね。「植福《しょくふく》の会」に入った者だけがしとるわけだな。

だけど、「金を一円も入れんで、会員とか信者っていうことは、ありえないんじゃないか」ということで、いったん名前を書いた以上、必ず集金人がやって来るというスタイルになりましたらねえ、それは、NHKの受信料や、新聞の購読《こうどく》料を徴《ちょう》収《しゅう》するやり方になるわなあ。

そこまでやって、「幅広《はば》く〝税金〟を集めるか」。さもなくば「君たちが出血を止められるか」。「自助努力で背負って売りに出るか」。その三つになるわけだな。これを選ばなきゃいけない。あるいは、複合しなければいかんわけな。分かるかな？

里村　はい。

山田方谷　だから、財政再建っていったって、そんなに一様《いちよう》にあるわけではないわなあ。

里村　「ザ・リバティ」の例を出して、分かりやすく……。

山田方谷　すまんかったなあ。彼（立木）だけだと申し訳ないから、ついでに〝こっち〟も言っただけであって。

里村　いえいえ。

7　〝自民党幕府〟への指南③「社会貢献《こうけん》なき者に社会福祉《ふくし》なし」

年金財源に関する「国家的詐欺《さぎ》」の部分について反省が足りていない

里村　今、日本の財政赤字の大きさの理由の一つに、社会保障費が増えているということがございます。また、「社会保障、あるいは福祉《ふくし》の充実《じゅうじつ》のためには、消費税の増税などは必要なんだ」ということを、国民自身が思っております。

こうした状況《じょうきょう》をご覧になって、いかがでしょうか。

山田方谷　人口の構造から見たら、それは非常に間違《まちが》った考えだろうねえ。やっぱり、人口構造が、だんだん高齢《こうれい》人口が増えていくのに、働いてる人口は減ってくる。

そうなってくると、若い人が、すごい高負担をしないかぎりはできないわなあ。結局、二人で一人養《やしな》うぐらいの感じにやがてなってくると思うけど、二人で一人養うっていうんだったら、これは、子供夫婦《ふうふ》が、生き残った親一人を養うスタイルと変わらんわ。変わらんわなあ。

里村　はい。

山田方谷　自分の親なら、育ててもらった義理もあろうから、「損をした」とは言えずに恩返しするし、それは、宗教的な感謝・報恩《ほうおん》の道でもあろうけども。うーん、一般《いっぱん》的財源で取られたらさあ、ほんとは何に使われてるか分からないわなあ。そういうことがある。

やっぱり、年金財源のところも、多くの国民が、「積み立て型で、自分の定年退職後に、利子がついて大きくなったもの、払《はら》い込《こ》んだ以上の額をもらえる」と信じてやってた部分について、詐欺《さぎ》的な部分があったわなあ。国家的詐欺の部分があった。現実には、その当時の財政収入の不足部分を、そんなものでいっぱい使ってたことがあるし。

独自に、当時の厚生省っていうとこかな？

里村　はい、そうです。

山田方谷　まあ、何か知らんけど、●保養施設《しせつ》をいっぱい建てて建ててなあ、無駄《むだ》なことをいっぱいやっとったわな。要するに、「自分らの天下《あまくだ》り先とか、そういう再就職先を、自分らでつくっておった」ということだろうと思うけどな。

里村　確かに、そうですね。

●保養施設　1980 年から 1988 年にかけて、年金福祉事業団が全国的に設置したグリーンピア（年金保養施設）等のこと。その後、運営の大赤字によって経営責任が問われ、2005 年 12 月には、すべてが地方公共団体等に譲渡された。

【山田方谷の霊界からの財政指南⑦】

年金財源のところも、多くの国民が、「積み立て型で、自分の定年退職後に、利子がついて大きくなったもの、払《はら》い込《こ》んだ以上の額をもらえる」と信じてやってた部分について、国家的詐欺《さぎ》の部分があった。

山田方谷　このへんについての、正当な反省が足りてないわなあ。
今、役所の官舎等をだいぶ売り払ってはおるけど、これも経済音痴《おんち》であるから、非常にバカなことを、いっぱいやっとるわなあ。事業が分からないからなあ。ただ「売れ」という命令しか出ておらんので、とっても不利な売り方をしてるわなあ。
だから、「政府保有の土地を、どういうふうにすれば高く売れて、収入になるか」っていうようなことを考えるところまでは行かないわなあ。

里村　うん、うん。

山田方谷　かつての銀行がそうだよな。土地担保《たんぽ》で貸しとったけど、土地が値下がりしてきた段階で……。要するに、土地を持っとったって、銀行員はその土地をどうしたらいいか、さっぱり分からんでなあ。事業家でなければ、それは分からないから。担保で、不良債権《さいけん》としての土地をいっぱい持ってても、結局どうしていいいか分からないで、銀行にとっては、それがプラスにならなかった。

国でも、同じようなことがあるわなあ。そういうふうな国有財産を持ってるから、〝切り売り〟しようとしてるんだけども、現在、「バナナの叩《たた》き売り」状態になっとる。国有地であるからして、ほんとは非常に有利なところに持ってるものもいっぱいあるんだけども、それが「財産を生まないやり方」を、ずいぶんやっているように思えるわなあ。まあ、非常につまらんやり方ばっかりやってるよなあ。

革命を起こされないように「美名」を使っている政府

里村　いわゆる、国家財政を使う側の能のなさ、あるいは失策がツケになっているのに、「税金を上げよう」という方向で動き、それを国民に、「福祉のため」とか、うまい言い方をしています。
やはり、これは、「国家的詐欺」であると言ってよろしいでしょうか。

山田方谷　いや、ほんとは「革命前夜」ぐらい、財政の悪化は来てるんだろうと思うんで。それで、革命を起こされないようにするために、美名が必要になろうから、「社会福祉」とか、そういう、「老後のこと、心配でしょう?」みたいに、人の恐怖《きょうふ》に付け込んでやってるんで。

里村　ええ。

山田方谷　こちらのほうは、「そんなもん、税金をそんなに取られんかったら、老後の資金ぐらい、いくらでも貯《た》めれるんですわ」っていうことがあるわねえ。だけど、「福祉」ということだと、またしても公平にやらねばならなくて、「全員が受けられるように」みたいな考え方をしていくわなあ。だから、まあ、これで無駄で。

それで、老人人口が増えるからということで、また介護士《かいごし》をいっぱいつくってな

【山田方谷の霊界からの財政指南⑧】

ほんとは「革命前夜」ぐらい、
財政の悪化は来てるんだろうと思う。
それを起こさせないようにするために、
美名が必要になろうから、「社会福祉《ふくし》」とか、
「老後のこと、心配でしょう？」みたいに、
人の恐怖《きょうふ》に付け込《こ》んでやってる。

あ。そういう施設をいっぱいつくって、やって。これもまた、二、三十年たつと全部倒産《とうさん》していくんだよな。こういう無駄なことを、きっとやるであろうと思うし。

里村　はあ……。

山田方谷　これは、医療《いりょう》の無駄も、そうとうなものがあると思うなあ。医療の無駄と、薬の無駄がなあ。

アメリカなんかも、薬だけで二十兆円ぐらい使っとるっていう話を聞いたことがあるけども、まあ、それが要《い》るんかどうかをねえ……。その薬を飲んで、ほんとにそれでよくなったか、長生きしたか、分からんのよ。まあ、薬で消費を活発化するのもよく分からんけどもねえ。

里村　うーん……。

山田方谷　君なんかは、そんな豊かな、お相撲《すもう》さんになり損《そこ》ねた体で生きてるわけだから。

里村　いやいやいや（苦笑）。

山田方谷　完全燃焼して、あるときポックリ消えればそれでいいわけで、医療費なんか要らないわけですよ。

里村　はい。まさに、そうでございます。

山田方谷　そうなんですよ。だから、子育てが終わったら、それで君の使命は終わるんですよ。

里村　はい（苦笑）。もう終わりつつあります。

山田方谷　だから、あとはね、完全燃焼して燃え尽《つ》きたら、それでいいわけなんですよ。そんなのねえ、チューブをいっぱい差し込まれて二十年も生きたら、大変な国家的損失ですよ。

里村　おっしゃるとおりです。

山田方谷　天上界《てんじょうかい》も損失ですよ。早く還《かえ》ってくるべきなんであってねえ。

里村　（苦笑）

山田方谷　そのへん、諦《あきら》めも肝心《かんじん》なんで、やっぱり、「諦めのすすめ」をねえ、仏教、あるいは老荘《ろうそう》思想的にちょっと言わないかんわけよね。

市場原理の当たり前の法則を流通させよ

里村　今、「美名を使って革命を止めている」というお話がありました。これは、すごい視点だと思うんですけれども、ほかにも、「格差是正《ぜせい》」という言葉が、よく使われております。

これは、どちらかというと、左翼《さよく》勢力が政治を攻撃《こうげき》するときに使う言葉なんですけども、政府のほうも、けっこうそれを利用している面もあるということですね。

山田方谷　それは、「いつも出てくる考え方」だからね、あれだけど。格差是正したきゃあさあ、みんな農民にすりゃあいいわけで。まあ、江戸《えど》時代で言やあな。

里村　はい。

山田方谷　武士が一割とかなあ、商人階級がいたりしたけど、全員農民にすりゃあいいわけで。

まあ、現実それもあるけどね。わしも、農業をやったことはあるよ、それはなあ。やったことはあるから、やったらいいのよ。

だから、最後はそういうことで、格差是正したきゃな、みんな農民にすりゃあいいわけよ。格差是正、できるよ。

里村　うーん。

山田方谷　だから、自衛隊は平時には農業をやれば、それで済むわけよ。災害のときにだけ出てこんでもいいのよ。災害のないときにはねえ、人手不足の農家に入って農業をやれば、それは、それでいいんだよ。〝屯田兵《とんでんへい》〟だろ？　まあ、そういうことだってあるけどさあ。

里村　うん、うん。

山田方谷　とにかく、格差是正も、まあ、気持ちは分かるよ。「一部がすっごい超贅沢《ちょうぜいたく》をしてて、ほかは飢《う》えてる人たちがいっぱいいる」っていうのなら、やっぱり、「これをどうにかしろ」っていうのは分かる。だけど、「飢えてる人が特にいなくて、老後は働いとらんけど、働いてる人の金を使って、自分の老後を安泰《あんたい》に、安楽にしろ」っていうのは、これは虫がいいとこがあるんじゃないか？　やっぱり、老後を安泰にするためには、ちゃんと、いい働きをやらないかんのじゃないかなあ。

●屯田兵　明治期、北海道の開拓と警備を目的に配備された農兵。平時は農耕に従事し、有事の際は兵務に従事した。

里村　うーん。

山田方谷　そのために勉強はせないかんわけだし、そのために勤勉に働いて、やっぱり財産も蓄《たくわ》えなきゃいけないわけだし、まあ、そういう頼《たの》もしい人のところに、いいお嫁《よめ》さんもちゃんと来るわけだし。

そういう収入がなかったらねえ、嫁さんなんてもらえないのが当たり前で。だから、収入がない人には嫁さんが来ない。そんなの当たり前ですよ。

里村　うん、うん、うん。

山田方谷　収入がある人にはね、子供が四人できる。それは当たり前ですよ。だけど、その子供を四人つくってるっていうのが正しいかどうかは、その働きをよく見ないといけないわけで。「四人分だけ働かないかん」ということになれば、例えば、普通《ふつう》の人の倍ぐらいの働きをしなければいかんわけよね。

そのへんの市場原理の当たり前の法則をねえ、もうちょっと流通させないと。

「あんたなんか、フリーターやってて、結婚《けっこん》する資格があると思ってんの？」と。

まあ、これは厳しいけど当然のことなんですよ。

「フリーターをやったり、あるいは、引きこもりを家のなかでずっと続けておって、それで晩年は何？　誰《だれ》かのお世話になって、養ってもらおうとしてるわけ？」って。

やっぱり、老後を安泰に過ごしたかったら、ちゃんと働いて、結婚して、子孫《しそん》をつくるなり、きょうだいを増やすなり、親戚《しんせき》を増やすなり、何なりせにゃいかんわけよ。

里村　はい。

山田方谷　あるいは、教え子をつくるわけよ、私らみたいにね。教え子をつくっとれば、誰かは先生孝行な人が出てきて、先生が老後に不自由がないように、ときどき差し入れを持ってきてくれるわけよ。なあ？　あるいは、教え子が出世したら、支えてくれることがあったり、第二の就職を斡旋《あっせん》してくれたりすることがあるわけだなあ。教え子で、政府のお偉《えら》いさんになれば、ちゃんと見てくれるわけですよ。
　そういう徳を積まないかんわけよなあ、生きてる間になあ。

「デフレの時代は、保守政権が必ず左翼《さよく》化する」

里村　お話を聴《き》けば聴くほど、今の日本は、先生がおっしゃっている方向とまったく逆を向いているように思います。例えば、「労働時間を減らすことがいいことだ」とか、あるいは、「同一労働、同一賃金」とか、ことごとく、逆のほうに向いていて、そして、「財政赤字だ。だから増税だ」と。

山田方谷　いやあ、それはもう、選挙制度が悪いんじゃないかな。

里村　選挙制度ですか。

山田方谷　選挙制度で行くと、要するに、今で言えば、全体がうまくいっていないから、収入が減っている人、あるいは、生活不安のある人の数のほうが増えてるけど、その票を取らないかんからなあ。どうしても、そういうふうになってくる。

全体が右肩上《みぎかた》がりのうちは、「保守」っていうのは、そういう「勤倹貯蓄《きんけんちょちく》型」の、資本主義の精神を持った人を支える考え方をするわけですよ。

ところが、右肩上がりでなくて、右肩下がりっていうか、先行き、経済が縮んでいく、人口が減っていくみたいなことになってくると、左翼のほうを取り込むのが「保守」になるんです、次はね。そうなってくるんですよ。左翼の票を奪《うば》いにくるんですわ、必ずな。

里村　ああ、下がる時代はですね。

山田方谷　だから、デフレの時代は、保守政権が左翼化するんです、必ず。

里村　現代日本の安倍《あべ》政治を見ていて、まさに、そのとおりの現象が出ています。

山田方谷　まあ、君らはポピュリズムというのかもしらんけど、誰だって一票なんですからね。トヨタ自動車の社長であろうが、家を持たないで、野宿代わりに、都会の、ゲームをしながら一晩過ごせるようなとこで住んどるやつらであろうが、みんな一票だからね。一緒《いっしょ》なんだからさ。

里村　これは、民主主義にどうしても伴《ともな》う欠点なのか、そうではなくて、ある程度、選挙制度の違いが……。

山田方谷　いや、そんなことないよ。考え方だよ。

里村　考え方？

山田方谷　うん。「社会貢献なき者に、社会保障なし」と言えばいいんだよ。

里村　おお！

山田方谷　基本は、仕事をして、勤勉に働いて、自分の富をつくりつつも家族を護《まも》る。そういうことをしつつも、世の中のために一定の貢献をする。そういう仕事をすることだね。

【山田方谷の霊界からの財政指南⑨】

「社会貢献なき者に、社会保障なし」。
基本は、仕事をして、勤勉に働いて、
自分の富をつくりつつも家族を護《まも》る。
そういうことをしつつも、
世の中のために一定の貢献をする。
そういう仕事をすることだね。

里村　うん。

山田方谷　「社会貢献なき者に、社会福祉《ふくし》なし！」って、それが当たり前なんですよ。

だから、「それは〝野垂《のた》れ死《じ》に〟の運命が待ってる」っていう、これがねえ、正当な神仏のお裁きですよ。当たり前なんです。

それで、正当に働かなかった人は、普通は何をするかっていうと、犯罪人になるんですよ。他人の家に押《お》し入って、金銀財宝を盗《と》ったりする。

あるいは、「豪商《ごうしょう》のところに行って（盗って）、鼠小僧《ねずみこぞう》がやったように、上から金をばら撒《ま》いたりすると喜ばれる」っていうことは、こんなの、だいたい革命前夜によく起きることだ。

綾織　うーん。

山田方谷　幕府が潰《つぶ》れる前は、そういうことがいっぱいあったからなあ。まあ、そういうことをやり始めるんだけど。

要するに、「金持ちが憎《にく》い、悪い」ということで、それを成敗《せいばい》してやると、やんやの喝采《かっさい》が起きるけども、ここは間違いが起きやすいとこだな。

だから、「社会貢献なき者に、社会福祉なし」と。

綾織　うーん。

弱者救済のあり方を、もう一回見直すべき

山田方谷　一部、例外があっていいのは、それは、働きたくても働けない者たちが、一部いることはいるから。障害を持って生まれたる者や、病気をしてしまって働けない者たちは、確かに一部いるからね。その「弱者救済」の部分は、やっぱり、それは要りますよ。

里村　うん、うん。

山田方谷　それは要りますが、でも、それが全体的に見て、一割を超《こ》えてはならないんではないかねえ。やっぱり、実際は、十人に九人は、意志と努力があれば働ける状態にはあるはずです。

確かに、一割ぐらいは、どうしても普通の人のようには働けない人はいる。例えば、みんなに、「四十キロマラソンを走り抜《ぬ》け」というようなことを言っても、走れない人がいるのと同じで、そういうことはあるけれども。そこまで無理を言っているわけではない。

ある企業《きぎょう》が、障害者を雇《やと》って、パンの製造をして、十万円の給料を払ったところがあるわなあ。

里村　ヤマトですね。

山田方谷　宅急便の会社でなあ。

里村　はい。

山田方谷　あれが、障害者を雇って、十万円払って、というふうにやった。あれは、一つのモデルだと思うんだけどな。

だから、企業は節税に励《はげ》んで、とにかく税金を払わないように頑張《がんば》るのも一つの考えかもしらんけども。ただ、企業が成功して、その余得《よとく》でもって、そうした障害のある方々等にも、何らかの収入の道を拓《ひら》いてあげれば、彼らの魂《たましい》の修行《しゅぎょう》にもなるし、社会福祉と社会貢献を同時にできることにもなるんでね。やっぱり、そういうことが望ましいなあ。

だから、病人とか、そういう障害とかで差別されている人にも、もし可能性があるなら、道を拓いていくことが大事だな。

昔、癩病《らいびょう》っていわれた、ハンセン病の人たちは、みんな隔離《かくり》されてたけども、最近、「これは不当だった」っていうことで、何か議論になっとるんだろ？　実は、(病気が) うつらないものであったんで、働くことができた者もいたのに、全部隔離されてたから。

里村　はい。

山田方谷　今度は、家族が周りから白眼視されるし、その隔離病棟《びょうとう》を維持《いじ》しなきゃいけないし、収入は生まないし、っていうようなことでなあ。それで、やっぱり、裁判所が補償《ほしょう》を命じたりするようなことが起きてるけれども。
ちょっと、まあ、そんなところも、もう一回見直さないかんわなあ。

8　今、「戦争経済」を起こそうとする者がいる？

「まずは、朝鮮《ちょうせん》半島で近々、戦争が起きる」

綾織　怖《こわ》い点として、先ほど日本のデフレについてのお話がありましたけれども、世界的にもデフレが続いており、民主主義各国が左翼《さよく》化しているという状況《じょうきょう》があります。何とか、今の方向を転換《てんかん》していく考え方なり、打つべき手なり、どういうものがあるのかを、ぜひ、教えていただきたいと思います。

山田方谷　うーん、今、政治をやってる人たちが戦争を起こそうとしてると思うなあ。

綾織　戦争……、あっ。

山田方谷　たぶんなあ。戦争による消費経済を起こそうと考えてると思うなあ。

里村　世界のいろいろなリーダーたちがですか。

山田方谷　うん、うん。

里村　おお。

山田方谷　まずは、朝鮮《ちょうせん》半島で戦争が起きるな。これは近いわ。うーん、近づいてるねえ。それで、「朝鮮特需《とくじゅ》」を起こそうと考えとるやつがおるな。

【山田方谷の霊界からの財政指南⑩】

まずは、朝鮮《ちょうせん》半島で戦争が起きるな。
これは近いわ。うーん、近づいてるねえ。
それで、「朝鮮特需《とくじゅ》」を起こそうと
考えとるやつがおるな。

綾織　ああ、なるほど。

山田方谷　間違《まちが》いなくいるわ。うーん。間違いなくいる。「戦時経済」と「恐慌《きょうこう》経済」に備えよ

綾織　今、中東で実際に戦闘《せんとう》が起こっているわけですけれども……。

山田方谷　中東も考えてる人はいるなあ。中東紛争《ふんそう》を「収入に変えよう」と考えてるやつらはいるな、確かに。

綾織　なるほど。山田先生が先ほどおっしゃった、「戦争経済」というものを起こそうとしているわけですね。

山田方谷　先行きが不透明《とうめい》になって見えなくなったら、必ず、そういう、何か打開しようとすることはするんでねえ。

だけど、朝鮮特需を狙《ねら》ってるけど、当たるかどうかは分からんなあ。

まあ、そういう「戦争特需」の前の段階は、例えば、「オリンピック特需」とか、そんなようなもんだけどね。今のブラジルとかは、オリンピックの期間には入ってるけど、経済は最悪だし、悪性の病気が流行《はや》ってなあ、死の恐怖《きょうふ》と共にオリンピックをやらなきゃいけないような状況になってるから、やっぱり、ちょっとそんなに単純なものではなくなっているわなあ。

だから、●BRICs《ブリックス》といわれた次の先進国になろうとしてたところあたりが、一定まで上がって、今、もう一回落ちようとし始めている感じは、ちょっとしておるなあ。

綾織　はい。

●BRICs　近年、著しい経済成長を遂げている、ブラジル(Brazil)、ロシア(Russia)、インド(India)、中国(China)の頭文字を取った言葉。2008年に起こったリーマン・ショック以降、これらの国を取り巻く環境は厳しいものとなっており、経済の減速も指摘されている。

山田方谷　それと、あんたがたは、「中国発の世界恐慌《きょうこう》」と「ヨーロッパ発の世界恐慌」の、この二つの世界恐慌、二つの台風の目がある世界恐慌に備えねばならないわなあ。

だから、そういう「戦時経済への備え」と同時に、「恐慌経済への備え」と、この両方を、今、未来経済としては予測しとかなければいかんわなあ。

里村　その備えとは、いかなるものになりますでしょうか。

山田方谷　いや、それは、君、智慧《ちえ》の絞《しぼ》りどころだよ。

里村　智慧の……。

山田方谷　だから、どうなるかを、やっぱり考えないかんところだわなあ。
「貸し剝《は》がしの恐怖《きょうふ》」は忘れられていない

里村　日本の潜在力《せんざい》は、今、世界の経済のなかで唯一《ゆいいつ》と言っていい希望の光だと、私どもは信じております。

隣《となり》の綾織も、「GDPを千五百兆円、今の三倍にする」ということを掲《かか》げて、呼びかけをしています（前掲《ぜんけい》『GDPを1500兆円にする方法』参照）。

山田方谷　いやあ、今、千五百兆でもよかったんだよなあ。

里村　今ですか!?

山田方谷　うん、うん。

いや、「これから」というか、今でもよかったんだから、よっぽどまずいやり方をしたんで。

それは、土地規制、融資《ゆうし》規制と、やっぱりバブル潰《つぶ》し？　株価のバブル潰しと、「土地（価格）の上昇《じょうしょう》を止めよう」として、その融資規制をやったあたりから、要するに、信用経済が崩《くず》れたな。

綾織　はい。

山田方谷　「何に基《もと》づいて、それぞれに経済行為《こうい》がなされていいのか」っていう、その倫理《りんり》の基本が結局、崩れたわけよ。

だから、「日本列島は、もうこれ以上大きくならないから、土地さえ担保《たんぽ》に取っとれば、いくらでも安

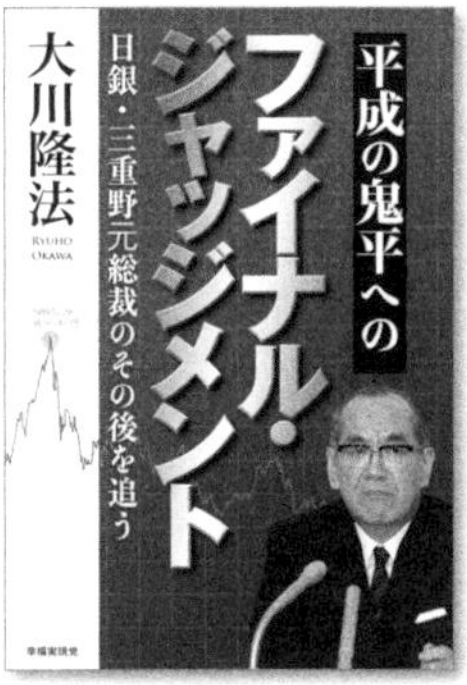

バブル潰しの是非を明らかにする『平成の鬼平へのファイナル・ジャッジメント――日銀・三重野元総裁のその後を追う――』（幸福実現党刊）。

心して健全な経済ができる」と思ったのが、土地自体まで〝投機商品〟になってしまったわけなんだよなあ。

で、銀行業が全然振《ふ》るわない。銀行業が振るわないから、企業《きぎょう》も振るわない。

要するに、銀行が不安定であれば、企業は安心して金を借りられんわなあ。

だから、なんか「金が余ってるから使え」ったってねえ、それはいつ引き揚《あ》げられるか分からん。あの貸し剝《は》がしの恐怖《きょうふ》、倒産《とうさん》がいっぱい出た恐怖は、みんな忘れていない。首吊《つ》りだからね、次は。

里村　確かに、マイナス金利でも借りないです。

山田方谷　あなたねえ、金を借りて、事業をやって、引き揚げられたら、次は首吊りだからねえ。それは怖いよ、みんなねえ。

だから、もう何もしないで生活保護を目指す国民が増えてるわけよ。「政府が、何とか面倒《めんどう》を見てくれる」っていうのが増えてるわけで。

9　今、「新しい信用経済」が起きようとしている

現代日本で創造されつつある「新しい信用のもと」

山田方谷　まあ、九〇年代に信用創造は失敗したけど、もう一回新しい信用創造を、もし君たちが発明できれば、未来経済は出来上がるなあ。

里村　新しい信用創造のヒントを教えていただければと思うのですが、山田先生が、もし今、現代日本で考えられるとすれば何がありますでしょうか。

山田方谷　（声を潜《ひそ》めて）だから、「宗教」だよ、君。これは宗教だよ。新しい信用のもとは、ここにあるんだよ。

里村　宗教が……。

山田方谷　幸福の科学っていうのは、「三千年続く」って言ってんだろ？

里村　はい。

山田方谷　だから、信用のもとじゃないですか。三千年続くものがあるんだったら、これはいいわなあ。

里村　究極のソフト産業でございます。

山田方谷　これはもう、断層が動いて原発がどうなろうと、幸福の科学は三千年続くんだろう？　これはいいよ。

里村　先ほどのお話でも、「働くことが尊いという考え方が大事なんだ」ということでしたが、要するに、そういう考え方が必要なわけですね。私どもも、そう考えておりまして……。

山田方谷　君たちは、新しい信用を、今、創造してんだよ。創造してるんだよ。だから、幸福の科学的価値を含《ふく》むものは、新しい価値の創造が今、できてるんだよ。

里村　おお。

山田方谷　これは、新しい信用ができているんで。「エル・カンターレ」っていう

【山田方谷の霊界からの財政指南⑪】

九〇年代に信用創造は失敗したけど、
もう一回新しい信用創造を、
もし君たちが発明できれば、
未来経済は出来上がるなあ。
君、これは「宗教」だよ。
新しい信用のもとは、ここにあるんだよ。

のが信用の中心になって……。

あのねえ、「金」、「銀」、「ダイヤモンド」の次は、エル・カンターレが出てきた。「エル・カンターレ」っていうのを信用のもとにしてねえ、信用経済をつくるんだよ。

だから、「宗教的価値を持っているものは、少なくとも三千年周期の繁栄《はんえい》を今後持つ」ということで、世界的にこれを広げていけば、これが経済のもとになりますよ、信用経済として。

「真理価値のないものは避《さ》ける。真理的に、神様、仏様から見て、これは善なる行為《こうい》で、人間としてやるべきことで、ユートピア建設にプラスになることだ」という判定をすればいい。そういうことに対してお金を使うことは善であり、お金を貸すことも善であり、未来は無限に明るいと考えることだ。この反対のものは、「信用がない」というふうに考えるわけね。

その信用経済を新しくつくれたら、これはすごいことができると思いますね。

イエスの言葉の上に、二千年のキリスト教文明が成り立った

綾織　それは、「啓蒙《けいもう》していく」ということもありますし、実際にお金をその方向で動かしていくというところが大事なわけですか。

山田方谷　「理念経済」「真理経済」……、まあ、何と言ってもいいかもしれないけれども、「この言葉の上に未来は築かれる」と、（大川隆法）総裁はいつも言っとるんだろ？

里村　そうなんです。もう二十数年前からです。

山田方谷　「言葉の上に未来が築かれる」っていうことは、分かるか？

イエスの言葉の上に、キリスト教文明が二千年成り立ったんだろう？

で、キリスト教文明のなかに資本主義も発展していったんだろう？

だから、『聖書《せいしょ》』が生んだ価値っていうのは、ものすごい膨大《ぼうだい》なもんだろうなあ。

綾織　そうですね。

山田方谷　君たちは、まだねえ、本当は、一万円札を一円玉として使ってるっていうか、撒《ま》いてる状況《じょうきょう》なんだよ。

だから、「献本《けんぽん》しても受け取ってくれませんでした」とか言ってるけど、「いや、この本一冊は、もう無限の価値を生むものなんですよ」と。「幸福の科学の信者になるっていうことは、後々《あとあと》ものすごい値打ちがあることなんですよ」と。実際、そのとおりですよね。老後を迎《むか》え、死んだあとの世界の幸福まで保証している。だから、生命保険よりも値打ちはある。生命保険をかけたって、死ぬのは死ぬ。残った人の生活を看《み》れるかどうかしか、それ以外の価値はないわな。

まあ、残った人が助かるかもしらん。でも、場合によってはマイナス価値もあるわなあ。「金が欲《ほ》しいから、父ちゃん早く死んでくれ」と、こう言われることもあるわねえ。

里村　はい、そういうこともありえます。

山田方谷　「社長、早く首を吊《つ》ってください。事故にして処理しますから」みたいなね。

あるいは、「偶然《ぐうぜん》の事故で死にました。パイプが崩《くず》れて、社長は下敷《したじ》きで死にました。ということで、保険金をください」みたいなことがあって、マイナスも発生するからなあ、分からんけども。

まあ、〝来世《らいせ》保険〟だよなあ、宗教として。来世保険だろうし、今世《こんぜ》に、「徳ある人材として尊敬される生き方」ができて、その人の言葉や行動、あるいは、業績が信用のもとになり、付加価値を生むわけだよ。

次なる「お金の使い道」とは

山田方谷　学校の教育だって、そういう真理を含んだものを教育することで、「これだったら、いくらお金をかけても惜《お》しくない」っていうものが、お金の使い道として、もしあったらねえ。

今は、使い道がなくて、マイナス金利でも困っとんだろう?

里村　そうなんです。それでもなかなか借りないわけです。

山田方谷　その使い道を教えてやらないといけないわけよ。偏差値《へんさち》を上げるためだけに使ってたのが、限界が来てるわけね。「偏差値の高い学校に行ったからといって、金が儲《もう》かるわけでもなく、幸福になれるわけでもない」ということが来たら、未来に対する値打ちが減ってるわけね。

里村　「偏差値」というモノサシ、軸《じく》ではなくて、「真理価値」ということなんですね。

山田方谷　そう、そう、そう、そう。

そういう真理価値を学ぶ者は、値打ちを生み出して、世の人たちを幸福にしていく。あるいは、世界に広げていくに足るものが出来上がるということであれば、これは大きな価値のもとになるね。

土地本位制の先は、もう見えないんだろ?

里村　はい。

山田方谷　土地本位制の先が見えなくなって、信用の創造ができなくなってる。だから、今、信用の創造をやってるのは幸福の科学なんだよ。これが信用の創造をしているわけで、「エル・カンターレの値打ちは、至高神として、人類を次の文明に導いていくという価値の源泉なんだ」と思えば、そういう真理価値を含んでいるものは、やっぱり値打ちがある。

要するに、これは「値上がり」、「インフレ」なんだと。これにかかわることは、値段が必ず上がってくるんだということであれば、お金をそっちに使わないと損でしょ。そういうふうに来るわけね。

里村　なるほど。そうして「投資」が来るんですね。

「信仰心《しんこうしん》」による信用経済

里村　そういう意味では、幸福の科学グループも、今、教育事業を展開しており、幸福の科学学園やHSU（ハッピー・サイエンス・ユニバーシティ）など、国家の大学とか、ああいうものとは、まったく関係なしに発展していこうとしています。まさに、未来のあるべき姿が少し出始めていると見てよろしいですか？

山田方谷　だからね、ガラクタをいっぱい満載《まんさい》した雑誌とかは、ゴミ箱に捨てるまでもなく、買うのをやめて、「ザ・リバティ」をみんなが買って読むようになると、未来が見え、自分の仕事がよくできるようになり、晩年

HSU（ハッピー・サイエンス・ユニバーシティ）

も幸福になり、死んだあとまで幸福になると。これだけありがたいありがたい雑誌が、何百円かで売られてる。

綾織　そうですね。功徳《くどく》がすごくあると思います。

山田方谷　これ、何百円じゃなくて、「一冊百万円」の間違《まちが》いでないんかと。

綾織　そうですね（笑）。

山田方谷　まあ、そういう気持ちになってくれれば、これは功徳を生むわなあ。だから、君らねえ、信仰心《しんこうしん》が足りないのよ。結局、職員と信者の、あるいは会員の信仰心が足りないのよ。

この信仰心をもう一度高めて、信仰心を信用経済にすれば、真理価値を含んでるもの、あるいは真理企業《きぎょう》とかが、みんな発展していって、融資《ゆうし》先も分かるわけよ。お金をどこに使えばいいかが、みんな分かってくるよねえ。

「岩盤《がんばん》のごとき頑強《がんきょう》さの上に、巌《いわお》の上に教会を建てよ」というとおりね、こういう岩盤の上に教会を建てたものは崩れないから、それに基《もと》づいて、未来を拓《ひら》いていけばいいわけよ。幸福の科学で説かれてる基本教義に基づいて、未来を拓いていけば、そこに、完全に未来文明が拓けるんだから。

どこに投資したらいいか分からないから、金が使われない。だから、ただただ持ってるわけよ。ただただ持ってるんで、使い道を教えてやらないかんわけよ。

やっぱり、君らには、もっと説得力が必要だ。信仰心があり、「説得力」、「伝道力」が必要なわけね。お金の使い方を教えてやらなきゃいけないわけよ。

だから、「（世の）バカな政党にいくら投票したって、何にもならない」っていうことを、もっとはっきり目覚めさせてやらなきゃいけない。そのための啓蒙雑誌を、君（綾織）は出してるわけだし、そうした啓蒙のための伝道師を、君（立木）は今、教育してるわけだし、こういうふうな啓蒙のための霊言集《れいげんしゅう》を出すために、あなた（里村）は〝雑学〟に励《はげ》んでるわけよ。

里村　はい（苦笑）。

山田方谷　だからさあ、これで、みんなで力を合わせて、その付加価値をつくり出していかなきゃいけない。

まだ、本当の意味では、君らは信仰が立ってないな。まだね、「もっと大きな仕事をやってるんだ」ということを知らない。

もう、次の信用のもとはできてるんだよ。もう見えてる。見えてる人は……、一部には見えてるけど、全部は見えていないから。

「歩いている下に、すでに埋蔵金《まいぞうきん》は眠《ねむ》っている」

山田方谷　君らは、巨大新聞《きょだい》や大きなテレビに出ないことをもって、残念だと思ってるかもしらんけど、ここにあるのは〝埋蔵金《まいぞうきん》〟だからね。

だから、ちょっと土地を掘《ほ》れば出てくる、埋《う》まってる金貨の壺《つぼ》、あるいは金塊《きんかい》がここのなかにあるわけよ。金塊の上に土がちょっとかかってるだけでねえ、人はその上を歩いてるわけよ。「金持ちになれないかなあ」と思いながら、上を行ったり来たりしてるわけ。

そして、上ばっかり見てねえ、「柿《かき》の実は幾《いく》らで売れるかなあ」とか、「これ、渋《しぶ》柿《がき》だなあ。渋柿で、干して、干し柿にしたら、ちょっとは売れるだろうか」とか、そんなことを考えて、空の上ばっかり見てるのさ。実は、歩いている下に、すでに埋蔵金はいっぱい眠《ねむ》ってるんだよ。

真理価値のあるものを、とにかく耕《たがや》していきなさいと。そうすれば、未来の経済は開けるし、政治もその上にできるもんだということだね。

まあ、これが分からないから、「金にもならず、毒になり、財政破綻《はたん》をする政党」を、一生懸命《いっしょうけんめい》、応援《おうえん》させるような記事や報道ばっかりして、自分も首を絞《し》めて、国民も苦しめている。それが、今のマスコミの状況だわな。

あるいは、他の宗教も同じだな。ほかの宗教もまったく同じで、ただ「票」と「金」になると思って、政治家をいっぱい出してやって、挨拶《あいさつ》したりしたら、それで献金してねえ。だから、票と金になるまでやる。

幸福の科学のように、政党を立てたりしたら、ライバルだと思って分けて、〝いじめ〟をしようとしたりする。

全部引っ繰《く》り返るよ、これ。転覆《てんぷく》するよ、もうすぐ。

綾織　現代においては、タンス預金が増えていまして、お金がまったく止まった状態になっていると思います。

山田方谷　そうなんです。

綾織　それを動かすのは、最終的には、私たちの信仰一つであり、それですべてが回っていくということですね。

山田方谷　だから、マフィアがヤクザの事業をやって、貯《た》まった金をバチカン銀行に預けて、それでバチカンが経済高揚《こうよう》を起こしてるかもしれないけれども、そんなもんじゃないんだよ。もっともっと大きなものができようとしてるんだ。

教育には文明をつくる価値がある

里村　HSUでも、二〇一六年の春から新設された未来創造学部には、「政治・ジャーナリズム専攻《せんこう》コース」と「芸能・クリエーター部門専攻コース」があります。

今、山田先生のお話をお伺《うかが》いしていて、まさに未来創造学部のような真理価値をベースにした新しい学問が、次の日本の繁栄をつくり、世界の繁栄をつくるのだということを確信させていただきました。

山田方谷　君たちに関係のない、ほかの人もいるだろうから、それと比べれば、「幸福の科学の信者になる」ということは、それだけで信用がついて、全部、次の人材になっていけるわけだ。「どこに行っても、仕事を任せて大丈夫《だいじょうぶ》」という感じになってくると、その付加価値がすごいよね。教えの付加価値が出てくる。

私たちだって、（在世時《ざいせじ》から）今、百五十年もたっていて……。まあ、百五十年かは知らんけど、（本霊言に）出てこれるのは、佐藤一斎《さとういっさい》先生のお教えのおかげで、「『その弟子《でし》だった』というのなら、値打ちがあるだろう。何らかの見識と、未来創造の力があるだろう」と思って、私も呼ばれるわけで。

新しい最高学府「ハッピー・サイエンス・ユニバーシティ」とは何か
未知なるものへの挑戦
CHALLENGE INTO THE UNKNOWN
大川隆法
秀才は天才に、天才は偉人に。
創立者が語る「HSU」の革新性と無限の可能性。
HAPPY SCIENCE UNIVERSITY
HSUの4つの学部
HSUの魅力が語られた『未知なるものへの挑戦――新しい最高学府「ハッピー・サイエンス・ユニバーシティ」とは何か』（HSU出版会刊）。

つまり、「教育」、あるいは「教え」に、それだけの価値があるわけだよ。それでなきゃ嘘《うそ》なんです、教育に価値がなかったら。

教育には文明をつくる価値がある。「教育」というか、「教義」、あるいは、「根源的な真理の教え」にはそれだけの価値があるわけなんですよ。

だから、「これ（幸福の科学）にかかわっていくことが大事なんだ」ということを教えていかなければいけないわけで。

「リニア新幹線を敷くのに、何十年もかかるのはおかしい。早く敷け」という考えも出てはいるけれども、やっぱり、それよりも、「幸福の科学がもっと発展できるように、お金を使っていくことこそ大事なんだ」ということを、もっともっと知ったほうがいいなあ。

里村　はい。そのためにも、私ども弟子はしっかりと頑張らなければいけないと、改めて思わせていただきました。

【山田方谷の霊界からの財政指南⑫】

教育には文明をつくる価値がある。
「教育」というか、「教義」、あるいは、
「根源的な真理の教え」には
それだけの価値があるわけなんですよ。

10 「福の神」山田方谷の霊的《れいてき》秘密に迫《せま》る

文化が盛り上がる時代に「福の神」として生まれた

里村　ちょっとお時間が来ているのですが、今日、山田先生からは、佐藤一斎《さとういっさい》先生とはまた違《ちが》う、ものすごい感化力を私は受けております。

今日、先生からは、「藩政《はんせい》改革」や、「財政再建の道筋《みちすじ》」についてさまざまなことを教えていただきました。また、「財政的な感覚は、本能的に出てくるんだ」ということでした。「本能」ということは、つまり、「潜在《せんざい》意識」でもあると思います。

山田先生は、日本の江戸《えど》末期にお生まれになる前に、どのようなところで、いかなるお仕事をされたのでしょうか。

山田方谷　もうそんなものは言ってもしょうがないが、まあ、「福の神だ」と思ってくれ。それは、どこにでもいるわなあ。

里村　いやいや、どこにでもはおりません。

綾織　日本の方《かた》であり、世界的にも活躍《かつやく》されている魂《たましい》なのでしょうか。

山田方谷　うーん、いやあ、まあ、日本に生まれれば、日本の神だけど。

里村　例えば、日本の福の神で言うと、どなたなのでしょうか。

山田方谷　うーん。まあ、信仰《しんこう》が立ってるのは、そら、出雲《いずも》系とかは信仰が立ってるんだろうけど。まあ、必ずしも、「出雲系」とは言わんけれども、古代から、いろいろと、そういうグワーッと文化が盛り上がるときには、やっぱり、「福の神的な力」っていうのは必ず働いておるわけだなあ。それが大事やなあ。
　二宮尊徳《にのみやそんとく》、渋沢栄一《しぶさわえいいち》は「仲間」

山田方谷　まあ、もっと霊的《れいてき》に言えば、天御中主神《あめのみなかぬしのかみ》の直系の弟子《でし》だな。

里村　「天御中主神様の直系の弟子」？

山田方谷　うん。発展・繁栄《はんえい》を司《つかさど》ってらっしゃるからね、日本の国においてねえ。
私はその直系の〝幹部〟だなあ。

綾織　実際に、天御中主神様が転生《てんしょう》されるときに、お手伝いをされるような方である、ということでしょうか。

山田方谷　まあ、そういうことが多いわなあ。特に、日本では、そういう役割をしているということだなあ。『古事記《こじき》』や『日本書紀《にほんしょき》』を書いた人たちは、金運を持った神様を見分けるだけの力がなかったであろうから、そういう書き分けができていないとは思うけども。

里村　なるほど。「神々のお名前としては、書き分けができていない」ということですね。

山田方谷　まあ、とにかく、「福の神だ」ということで、日本の発展・繁栄を支えてる。もちろん、二宮尊徳《にのみやそんとく》先生なんかもそうだと思うけども、まあ、そういう役割をしている人はいるのさ。

【山田方谷の霊界からの財政指南⑬】

まあ、（私は）「福の神だ」ということで、日本の発展・繁栄《はんえい》を支えてる。二宮尊徳《にのみやそんとく》先生なんかもそうだと思うけども、そういう役割をしている人はいるのさ。

里村　そうすると、やはり、霊界《れいかい》では二宮尊徳先生とか、あるいは、渋沢栄一《しぶさわえいいち》先生とか、そのような方々と近い霊界にいらっしゃるのですか。

山田方谷　もちろん、仲間ではあるわなあ。だから、何と言うかなあ。まあ、「金の神」っていうのは言いにくい。お稲荷《いなり》さんと間違えられると嫌《いや》だから、ちょっと言いにくいけど、とにかく、「繁栄があるところに私はいつもいる」ということだな。

綾織　では、世界的にも、繁栄した地域にはお生まれになっているということですか。

山田方谷　まあ、それは、そのとおりだわ。

資本主義の精神を呼び覚ます。『富国創造論――公開霊言 二宮尊徳・渋沢栄一・上杉鷹山――』（幸福の科学出版刊）。

山田方谷は現代にも生まれている？

里村　山田方谷先生は、過去世《かこぜ》で孔子《こうし》様のお弟子様でいらっしゃったことはございませんか。

山田方谷　うーん、孔子の弟子で金儲《かねもう》けがうまい人はおったかなあ？　いつも食べ物に困っとったような……。アッハッハッハッハッハッ（笑）。

里村　孔子様は、商才に長《た》けていた子貢《しこう》様とも関係が深かったようですけれども、いかがでしょうか。

山田方谷　まあ、そういう者だよ。ズバッと言わないほうがよいかもしれないけども。とりあえず、日本の文明を見て、盛り上がり期があれば、私がいると見ていい

●子貢（前520頃〜同456頃）　中国、春秋時代の学者で、孔門十哲の一人。弁舌巧みで、政治力に優れ、商才にも長けていた。

ということだ。

里村　それでは、現代にもお生まれになっていらっしゃるのでしょうか。

山田方谷　さあ、それはどうかなあ。

綾織　山田方谷先生は、「リバティ」の内情にも非常に詳《くわ》しいところがございました。

山田方谷　うーん、君（綾織）だったらどうする？（会場笑）　エへへへへ（笑）。

綾織　いいえ、それはないと思いますけども（笑）。

山田方谷　そんなことはないか（笑）。アッハッハッハッハッ（笑）。

綾織　幸福の科学のことや、現代のさまざまな問題にも通じていらっしゃるので、もしかしたら、当会のなかにいらっしゃるのかなとも思います。

山田方谷　もしかしたら、もしかしたら、もしかするかもしれないねえ。だけど、何か、そんなに年は取ってないような感じもするねえ。

里村　ああ、そうですか。では、これからの若い世代のなかにいらっしゃるということですね。

山田方谷　ええ。どっかから出てくるかもしれないねえ。あるいは、君（立木）が、本当は、（ＨＳ政経塾《せいけいじゅく》で）教え損《そこ》なってる人かもしれないよねえ。気をつけないといけないなあ。「君に教わると金が逃《に》げていく」っていう話もあるようだから。

里村　いえ、いえ、いえ（苦笑）。

山田方谷　もうちょっとねえ。政治家以外も育ててるんだろう？　財政家もな？

立木　ええ、おっしゃるとおりでございます。

山田方谷　だから、あるいは、どっかに潜《ひそ》んでるかもしらんな。まあ、そう名乗る日は近いかもしらんがなあ。

綾織　それなら、もう、若手のなかにいらっしゃるということですね。

山田方谷　まあ、「現在にもアンテナはある」ということだなあ。

里村　分かりました。

「幸福の科学のなかに、すでに総理大臣になるような人材がいる」

里村　今日は、特に日本の財政赤字の原因でもある、「潜在的失業者」をあぶり出していくとともに、ほかの赤字を垂《た》れ流している部分をしっかりと見て、責任の所在を明らかにすることが大事だと分かりました。さらに、「新しい信用創造をなせ」という貴重なお言葉も頂きました。

最後に何か一言《ひとこと》、現代の日本人、あるいは、世界の人々を勇気づけるお言葉を頂ければ幸いです。

山田方谷　とにかく、二十一世紀に（幸福実現党から）総理大臣を十人以上は出すんだろう？　だから、もう今、そういう人がいるんだよ、そらなあ。総理大臣になる人は、もう、いるんだよ。

里村　いるわけですね？

山田方谷　もうすでにいるんだよ。少なくとも、サクセス（仏法真理《ぶっぽうしんり》塾「サクセスNo.1《ナンバーワン》」）に通ってるぐらいの学生まで広げれば、絶対にいるんだよ。まあ、すでに大人になってる人もいるかもしらんからなあ。

だから、「今、そういう人材を抱《かか》えてるんだ」ということをよく知って、やっぱり、もう一段、力を強めないといかんわなあ。会員さん教育がちょっと足りてないところは深く反省して。

現代の政治を「教育」できるのは幸福の科学

山田方谷　それから、バチカンあたりが、ドナルド・トランプ氏等を教育しようとして頑張《がんば》っておるけど。まあ、「（トランプ氏に）一蹴《いっしゅう》された」と言って、なかなか大変だけども（注。二〇一六年二月十八日、ドナルド・トランプ氏の移民政策をめぐり、ローマ法王は、「壁《かべ》をつくることばかりを考えている人はキリスト教徒ではない」などと批判。トランプ氏は「宗教指導者が他人の信仰を問題視すべきではない」と反論した）。いやあ、教育できるのは君たちのほうだからな。

だから、古い宗教は、残念だけど、これから宗教としての業界はガサーッと崩《くず》れていくと思う。これねえ、今はどんどん停滞《ていたい》したり、衰退《すいたい》したり、消滅《しょうめつ》しつつあるけどもね、実際、宗教界に競争は起きてるわけですよ。

里村　はい。

山田方谷　こんなに「現代的」で、実際に「実用性」があって、「ご利益《りやく》」がある宗教が、今、説かれているというのに、旧態依然《いぜん》とした、何百年前、あるいは何千年前の宗教っていうのは、信じてるほうがバカらしくなってくるわなあ。

例えば、君らは、「創価学会《そうかがっかい》みたいなところは政治に強くて、選挙に強い。とても敵《かな》わん」と思ってるかもしらんけども、創価学会の政治論や経済論は、もはや、通用するようなもんではないわなあ。これは、なかにいる人だって分かってる。いずれ全部、君らに〝征服《せいふく》〟されることになるよね。だからね、未来が見えない人はやっぱり駄目《だめ》だな。

政治とか、経済とかに失望している信者や会員がいるなら、もうちょっとそれを立て直す努力をしないといけないし、ちゃんと教えなきゃいけないわなあ。

里村　はい。

山田方谷 （幸福の科学には）世界を救う力がある。

先ほど言ったように、「じゃあ、戦争経済はどうしたらいいんですか？」とか、あるいは、「中国やＥＵが、次の世界恐慌《きょうこう》の目になったらどうするんですか？」とか訊《き》かれたら、「答えは大川隆法先生が全部知ってますから、講演会に来てください」っていうことでよろしいんですよ。

里村 はい。分かりました。

私どもは、主の言葉の上に未来を築くために精進《しょうじん》してまいります。また、これからもご指導をよろしくお願いいたします。

山田方谷 君らは、もうちょっと頑張らんとなあ。イノベーションできないとさあ、これもう、皮みたいに脱《ぬ》ぎ捨てられるぞ、そのままでは。だから、もう一皮《ひとかわ》いかんと。
そんなねえ、「文藝春秋《ぶんげいしゅんじゅう》」や、あんな「週刊新潮《しんちょう》」みたいなのよりも、「ザ・リバティ」のほうが売れなきゃ、やっぱり駄目なんだよ。日本の国はよくならないんだよ、君ねえ。

綾織　はい。

山田方谷　分かるかなあ。

里村　はい。使命を自覚して、頑張ってまいります。本日は、まことにありがとうございました。

山田方谷　はい。

綾織・立木　ありがとうございました。

11 「山田方谷の霊言《れいげん》」を終えて

大川隆法 （手を三回叩《たた》く）なかなか面白《おもしろ》く、議論が立つ方でしたね。

里村 はい。

大川隆法 もしかしたら、私たちの仲間のなかに、この人の魂《たましい》の分身がいるかもしれません。いずれ、そういう才覚が出てくれればですが。

里村 はい。

大川隆法　今のところ、そういう「現代の錬金術師《れんきんじゅつし》」と思《おぼ》しき人は見当たらず、まだ私のアンテナに引っ掛《か》からないので、隠《かく》れているかとは思われます。そうであれば、もう少し男女無差別、年齢《ねんれい》無差別で、「これだ」と思う人材を、ときどき、いろいろなところで抜擢《ばってき》して使ってみないと、分からないですね。

里村　はい。

大川隆法　今のところ、「掘《ほ》り当てたか」という感じの人、「地下のシェールオイルやガスなどを掘り当てた」という感じの人は、まだそれほど見当たらず、普通《ふつう》に農耕をして賃金をもらっているようなタイプの職員ばかり見当たるのですが、どこかにいるのかもしれません。

　地上界の人材にも、もう少し目を向けて、どこか才能がキラッと光っている人がいないかどうか、よく見ましょう。ＨＳＵのほうでも、よく気をつけて、そういう人材がいないかどうか見ていきたいと思います（注。本収録後の四月十一日、幸福の科学の若手職員のリーディングを行ったところ、過去世《かこぜ》が山田方谷と推定される人物がいることが判明した）。

里村　はい。

大川隆法　福の神がいるのなら、やはり、大事に大事にしなければいけません。これも一騎当千《いっきとうせん》でしょう。「一人で職員千人は養《やしな》ってくれる」と思わなければいけないでしょう。お互《たが》い人材を見いだすように努力しましょう。

里村　はい。

大川隆法　また、当会の会員に対する教育と、会員自身がそれを実践《じっせん》することによって繁栄《はんえい》することを、やはり実証したいですね。

里村　そうですね。

大川隆法　そういうことで、今日は、それなりの教えはあったと考えます。やはり「未来は私の言葉の上に築かれる」ということを、もう少し実体化させなければいけないということですね。

里村　精進《しょうじん》してまいります。

大川隆法　はい。ありがとうございました。

一同　ありがとうございました。

あとがき

民主主義政体では、ポピュリズムに走りやすく、投票者のごきげんをとるために、税金、補助金をできるだけ幅広くバラまこうとする。

社会福祉《ふくし》の名目で、構造赤字の事業にお金をバラまき、許認可権限を政府が持ち続けたい方面に補助金をバラまき、ドラ息子、ドラ娘のために親孝行資金をバラまき、潜在失業者は公務員として温存《おんぞん》し、民間の約一・五倍の給料を払う。自民党幕府が勝ち続けるためにつくり上げた公的買収システムが一千兆円を超える財政赤字となったのである。政府はマスコミを丸め込み、「国民の皆さんの借金ですよ。」と言い続け、消費税上げでつじつまを合わせようとする。

しかし、アベノミクスとやらが失敗したのなら、ちゃんと公的責任をとるべきである。政権選択の余地がないというなら、既成二大政党議員は総辞職し、国会議員を総入れ替えすべきである。それが財政革命の筋道である。

二〇一六年　五月二十七日

幸福《こうふく》の科学《かがく》グループ創始者兼総裁《そうししゃけんそうさい》

幸福実現党創立者兼総裁《こうふくじつげんとうそうりつしゃけんそうさい》　大川隆法《おおかわりゅうほう》

『財政再建論　山田方谷ならどうするか』大川隆法著作関連書籍

『資本主義の未来』（幸福の科学出版刊）
『経営が成功するコツ』（同右）
『心を練る　佐藤一斎の霊言』（同右）
『未来創造の経済学――公開霊言　ハイエク・ケインズ・シュンペーター――』（同右）
『富国創造論――公開霊言　二宮尊徳・渋沢栄一・上杉鷹山――』（同右）
『未知なるものへの挑戦』（ＨＳＵ出版会刊）
『佐久間象山　弱腰日本に檄を飛ばす』（幸福実現党刊）
『平成の鬼平へのファイナル・ジャッジメント
――日銀・三重野元総裁のその後を追う――』（同右）
『幸福実現党テーマ別政策集　３「金融政策」』（大川裕太 著　幸福実現党刊）
『幸福実現党テーマ別政策集　４「未来産業投資／規制緩和」』（同右）

『GDPを1500兆円にする方法』（綾織次郎 著　幸福の科学出版刊）

※左記は書店では取り扱っておりません。最寄りの精舎・支部・拠点までお問い合わせください。

『「幸福実現党テーマ別政策集 3 金融政策」

「幸福実現党テーマ別政策集 4 未来産業投資／規制緩和」講義』

（大川裕太 著　幸福実現党刊）

財政再建論《ざいせいさいけんろん》　山田方谷《やまだほうこく》ならどうするか

2016年6月9日　初版第1刷

著　者　　　大《おお》　川《かわ》　隆《りゅう》　法《ほう》

発行所　　幸福の科学出版株式会社

〒107-0052 東京都港区赤坂2丁目10番14号
TEL(03)5573-7700
http://www.irhpress.co.jp/

印刷・製本　株式会社 堀内印刷所

落丁・乱丁本はおとりかえいたします

ISBN978-4-86395-800-5 C0030
Photo：KPG_Payless/Shutterstock／ケイセイ/PIXTA／
提供：アフロ／写真：Featurechina/アフロ

大川隆法 霊言シリーズ・江戸時代の教育家・思想家に訊く

心を練る 佐藤一斎の霊言

幕末の大儒者にして、明治維新の志士たちに影響を与えた佐藤一斎が、現代の浅薄な情報消費社会を一喝し、今の日本に必要な「志」を語る。

1,400円

佐久間象山 弱腰日本に檄を飛ばす

国防、財政再建の方法、日本が大発展する思想とは。明治維新の指導者・佐久間象山が、窮地の日本を大逆転させる秘策を語る!【幸福実現党刊】

1,400円

日本陽明学の祖 中江藤樹の霊言

なぜ社会保障制度は行き詰まったのか!? なぜ学校教育は荒廃してしまったのか!? 日本が抱える問題を解決する鍵は、儒教精神のなかにある!

1,400円

※表示価格は本体価格(税別)です。

大川隆法 霊言シリーズ・儒教の本質に迫る

孔子、「怪力乱神」を語る

儒教思想の真意と現代中国への警告

なぜ儒教では「霊界思想」が説かれなかったのか？ 開祖・孔子自らが、その真意や、霊界観、現代中国への見解、人類の未来について語る。

1,400円

朱子の霊言

時代を変革する思想家の使命

秩序の安定と変革、実学と霊界思想、そして、儒教思想に隠された神仏の計画……。南宋の思想家・朱子が語る「現代日本に必要な儒教精神」とは。

1,400円

王陽明・自己革命への道

回天の偉業を目指して

明治維新の起爆剤となった「知行合一」の革命思想——。陽明学に隠された「神々の壮大な計画」を明かし、回天の偉業をなす精神革命を説く。

1,400円

大川隆法ベストセラーズ・経済に「自由」と「繁栄」を

自由を守る国へ

国師が語る「経済・外交・教育」の指針

アベノミクス、国防問題、教育改革……。国師・大川隆法が、安倍政権の課題と改善策を鋭く指摘！　日本の政治の未来を拓く「鍵」がここに。

1,500円

資本主義の未来

来たるべき時代の「新しい経済学」

なぜ、ゼロ金利なのに日本経済は成長しないのか？　マルクス経済学も近代経済学も通用しなくなった今、「未来型資本主義」の原理を提唱する！

2,000円

繁栄思考

無限の富を引き寄せる法則

豊かになるための「人類共通の法則」が存在する──。その法則を知ったとき、あなたの人生にも、繁栄という奇跡が起きる。

2,000円

幸福の科学出版

大川隆法シリーズ・**最新刊**

守護霊インタビュー 都知事　舛添要一、マスコミへの反撃

突如浮上した金銭問題の背後には、参院選と東京五輪をめぐる政界とマスコミの思惑があった!? 報道からは見えてこない疑惑の本質に迫る。

1,400円

プーチン 日本の政治を叱る

緊急守護霊メッセージ

日本はロシアとの友好を失ってよいのか？ 日露首脳会談の翌日、優柔不断な日本の政治を一刀両断する、プーチン大統領守護霊の「本音トーク」。

1,400円

北朝鮮 崩壊へのカウントダウン 初代国家主席・金日成の霊言

36年ぶりの党大会当日、建国の父・金日成の霊が語った「北朝鮮崩壊の危機」。金正恩の思惑と経済制裁の実情などが明かされた、国際的スクープ!

1,400円

※表示価格は本体価格（税別）です。

大川隆法ベストセラーズ・地球レベルでの正義を求めて

正義の法

法シリーズ 第22作

憎しみを超えて、愛を取れ

テロ事件、中東紛争、中国の軍拡——。あらゆる価値観の対立を超える「正義」とは何か。著者2000書目となる「法シリーズ」最新刊！

2,000円

世界を導く日本の正義

20年以上前から北朝鮮の危険性を指摘してきた著者が、抑止力としての日本の「核装備」を提言。日本が取るべき国防・経済の国家戦略を明示した一冊。

1,500円

現代の正義論

憲法、国防、税金、そして沖縄。
——『正義の法』特別講義編

国際政治と経済に今必要な「正義」とは——。北朝鮮の水爆実験、イスラムテロ、沖縄問題、マイナス金利など、時事問題に真正面から答えた一冊。

1,500円

幸福の科学グループのご案内

宗教、教育、政治、出版などの活動を通じて、地球的ユートピアの実現を目指しています。

幸福の科学

一九八六年に立宗。信仰の対象は、地球系霊団の最高大霊、主エル・カンターレ。世界百カ国以上の国々に信者を持ち、全人類救済という尊い使命のもと、信者は、「愛」と「悟り」と「ユートピア建設」の教えの実践、伝道に励んでいます。

（二〇一六年五月現在）

愛

幸福の科学の「愛」とは、与える愛です。これは、仏教の慈悲《じひ》や布施《ふせ》の精神と同じことです。信者は、仏法真理をお伝えすることを通して、多くの方に幸福な人生を送っていただくための活動に励んでいます。

悟り

「悟り」とは、自らが仏の子であることを知るということです。教学《きょうがく》や精神統一によって心を磨き、智慧《ちえ》を得て悩みを解決すると共に、天使・菩薩《ぼさつ》の境地を目指し、より多くの人を救える力を身につけていきます。

ユートピア建設

私たち人間は、地上に理想世界を建設するという尊い使命を持って生まれてきています。社会の悪を押しとどめ、善を推し進めるために、信者はさまざまな活動に積極的に参加しています。

国内外の世界で貧困や災害、心の病で苦しんでいる人々に対しては、現地メンバーや支援団体と連携して、物心両面にわたり、あらゆる手段で手を差し伸べています。

年間約３万人の自殺者を減らすため、全国各地で街頭キャンペーンを展開しています。

公式サイト **www.withyou-hs.net**

ヘレン・ケラーを理想として活動する、ハンディキャップを持つ方とボランティアの会です。視聴覚障害者、肢体不自由な方々に仏法真理を学んでいただくための、さまざまなサポートをしています。

公式サイト **www.helen-hs.net**

INFORMATION

お近くの精舎・支部・拠点など、お問い合わせは、こちらまで！

幸福の科学サービスセンター

TEL. 03-5793-1727 (受付時間 火～金：10～20時／土・日・祝日：10～18時)

幸福の科学 公式サイト happy-science.jp

教育

学校法人 幸福の科学学園

学校法人 幸福の科学学園は、幸福の科学の教育理念のもとにつくられた教育機関です。人間にとって最も大切な宗教教育の導入を通じて精神性を高めながら、ユートピア建設に貢献する人材輩出を目指しています。

幸福の科学学園

中学校・高等学校（那須本校）
2010年4月開校・栃木県那須郡（男女共学・全寮制）
TEL **0287-75-7777**
公式サイト **happy-science.ac.jp**

関西中学校・高等学校（関西校）
2013年4月開校・滋賀県大津市（男女共学・寮及び通学）
TEL **077-573-7774**
公式サイト **kansai.happy-science.ac.jp**

仏法真理塾「サクセスNo.1」 TEL **03-5750-0747**（東京本校）

小・中・高校生が、信仰教育を基礎にしながら、「勉強も『心の修行』」と考えて学んでいます。

不登校児支援スクール「ネバー・マインド」 TEL **03-5750-1741**
心の面からのアプローチを重視して、不登校の子供たちを支援しています。
また、障害児支援の**「ユー・アー・エンゼル！」運動**も行っています。

エンゼルプランV TEL **03-5750-0757**
幼少時からの心の教育を大切にして、信仰をベースにした幼児教育を行っています。

シニア・プラン21 TEL **03-6384-0778**
希望に満ちた生涯現役人生のために、年齢を問わず、多くの方が学んでいます。

NPO 活動支援

いじめから子供を守ろうネットワーク

学校からのいじめ追放を目指し、さまざまな社会提言をしています。また、各地でのシンポジウムや学校への啓発ポスター掲示等に取り組む一般財団法人「いじめから子供を守ろうネットワーク」を支援しています。

ブログ **blog.mamoro.org**
公式サイト **mamoro.org**
相談窓口 **TEL.03-5719-2170**

政治

幸福実現党

内《ない》憂《ゆう》外《がい》患《かん》の国難に立ち向かうべく、二〇〇九年五月に幸福実現党を立党しました。創立者である大川隆法党総裁の精神的指導のもと、宗教だけでは解決できない問題に取り組み、幸福を具体化するための力になっています。

幸福実現党 釈量子サイト
shaku-ryoko.net

Twitter
釈量子@shakuryoko
で検索

党の機関紙
「幸福実現NEWS」

幸福実現党 党員募集中

あなたも幸福を実現する政治に参画しませんか。

○幸福実現党の理念と綱領、政策に賛同する18歳以上の方なら、どなたでも党員になることができます。

○党員の期間は、党費（年額 一般党員5千円、学生党員2千円）を入金された日から1年間となります。

党員になると

党員限定の機関紙が送付されます。（学生党員の方にはメールにてお送りします）

申込書は、下記、幸福実現党公式サイトでダウンロードできます。

住所：〒107-0052
東京都港区赤坂2-10-8 6階
幸福実現党本部

TEL **03-6441-0754**
FAX **03-6441-0764**
公式サイト **hr-party.jp**
若者向け政治サイト **truthyouth.jp**

出版メディア事業

幸福の科学出版

大川隆法総裁の仏法真理の書を中心に、ビジネス、自己啓発、小説など、さまざまなジャンルの書籍・雑誌を出版しています。他にも、映画事業、文学・学術発展のための振興事業、テレビ・ラジオ番組の提供など、幸福の科学文化を広げる事業を行っています。

アー・ユー・ハッピー?
are-you-happy.com

ザ・リバティ
the-liberty.com

幸福の科学出版
TEL **03-5573-7700**
公式サイト **irhpress.co.jp**

THE FACT

ザ・ファクト
マスコミが報道しない
「事実」を世界に伝える
ネット・オピニオン番組

Youtubeにて
随時好評配信中!

ザ・ファクト 検索

NEW STAR PRODUCTION

ニュースター・プロダクション

ニュースター・プロダクション(株)は、世界を明るく照らす光となることを願い活動する芸能プロダクションです。二〇一六年三月には、ニュースター・プロダクション製作映画「天使に"アイム・ファイン"」を公開。

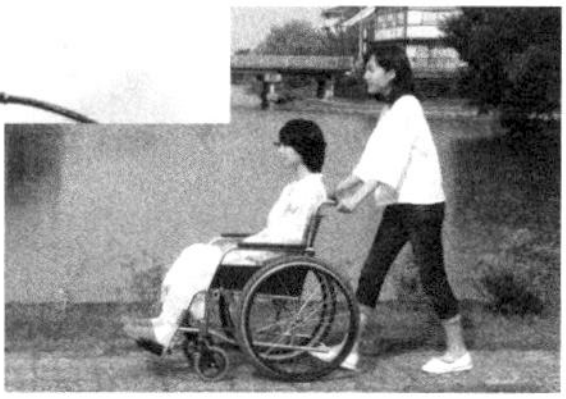

映画「天使に"アイム・ファイン"」のワンシーン(下)と撮影風景(左)。

公式サイト
newstar-pro.com